中国茶文化丛书

大唐宫廷

茶具文化

李新玲 任新来 编著

中国农业出版社

图书在版编目（CIP）数据

大唐宫廷茶具文化 / 李新玲，任新来编著. — 北京：
中国农业出版社，2017.10
（中国茶文化丛书）
ISBN 978-7-109-23153-5

Ⅰ．①大… Ⅱ．①李…②任… Ⅲ．①茶具－研究－
中国－唐代 Ⅳ．①K875.24

中国版本图书馆CIP数据核字(2017)第167511号

中国农业出版社出版
（北京市朝阳区麦子店街18号楼）
（邮政编码 100125）
责任编辑　姚　佳
─────────────────
北京通州皇家印刷厂印刷　　新华书店北京发行所发行
2017年10月第1版　　2017年10月北京第1次印刷
─────────────────
开本：700mm×1000mm　1/16　　印张：9
字数：133千字
定价：58.00元
（凡本版图书出现印刷、装订错误，请向出版社发行部调换）

《中国茶文化丛书》编委会

主　编：姚国坤

副主编：王岳飞　刘勤晋　鲁成银

编　委（以姓氏笔画为序）：

王岳飞　卢湘萍　叶汉钟　朱红缨　任新来

刘勤晋　闫保荣　李远华　李新玲　赵　刚

姚　佳　姚国坤　梅　宇　程启坤　鲁成银

鲍志成　潘　城　魏　然

总　序

　　茶文化是中国传统文化中的一束奇葩。改革开放以来，随着我国经济的发展，社会生活水平的提高，国内外文化交流的活跃，有着悠久历史的中国茶文化重放异彩。这是中国茶文化的又一次出发。2003年，由中国农业出版社出版的《中国茶文化丛书》可谓应运而生，该丛书出版以来，受到茶文化事业工作者与广大读者的欢迎，并多次重印，为茶文化的研究、普及起到了积极的推动作用，具有较高的社会价值和学术价值。茶文化丰富多彩，博大精深，且能与时俱进。为了适应现代茶文化的快速发展，传承和弘扬中华优秀传统文化，应众多读者的要求，中国农业出版社决定进一步充实、丰富《中国茶文化丛书》，对其进行完善和丰富，力求在广度、深度和精度上有所超越。

　　茶文化是一种物质与精神双重存在的复合文化，涉及现代茶业经济和贸易制度，各国、各地、各民族的饮茶习俗、品饮历史，以品饮艺术为核心的价值观念、审美情趣和文学艺术，茶与宗教、哲学、美学、社会学，茶学史，茶学教育，茶叶生产及制作过程中的技艺，以及饮茶所涉及到的器物和建筑等。该丛书在已出版图书的基础上，系统梳理，查缺补漏，修订完善，填补空白。内容大体包括：陆羽《茶经》研究、中国近代茶叶贸易、茶叶质量鉴别与消费指南、饮茶健康之道、茶文化庄园、茶文化旅游、茶席艺术、大唐宫廷茶具文化、解读潮州工夫茶等。丛书内容力求既有理论价值，又有实用价值；既追求学术品位，又做到通俗易懂，满足作者多样化需求。

　　一片小小的茶叶，影响着世界。历史上从中国始发的丝绸之路、瓷器之路，还有茶叶之路，它们都是连接世界的商贸之路、文明之路。正是这种海陆并进、纵横交错的物质与文化交流，牵连起中国与世界的交往与友谊，使茶和咖啡、可可成为世界三大无酒精饮料，茶成为世界消费量仅次于水的第二大饮品。而随之而生的日本茶道、韩国茶礼、英国下午茶、俄罗斯茶俗等的形成与发展，都是接受中华文明的例证。如今，随着时代的变迁、社会的进步、科技的发展，人们对茶的天然、营养、保健和药效功能有了更深更广的了解，茶的利用已进入到保健、食品、旅游、医药、化妆、轻工、服装、饲料等多种行业，使饮茶朝着吃茶、用茶、玩茶等多角度、全方位方向发展。

习近平总书记曾指出：一个国家、一个民族的强盛，总是以文化兴盛为支撑的。没有文明的继承和发展，没有文化的弘扬和繁荣，就没有中国梦的实现。中华民族创造了源远流长的中华文化，也一定能够创造出中华文化新的辉煌。要坚持走中国特色社会主义文化发展道路，弘扬社会主义先进文化，推动社会主义文化大发展大繁荣，不断丰富人民精神世界，增强精神力量，努力建设社会主义文化强国。中华优秀传统文化是习近平总书记十八大以来治国理念的重要来源。中国是茶的故乡，茶文化孕育在中国传统文化的基本精神中，实为中华民族精神的组成部分，是中国传统文化中不可或缺的内容之一，有其厚德载物，和谐美好，仁义礼智，天人协调的特质。可以说，中国文化的基本人文要素都较为完好地保存在茶文化之中。所以，研究茶文化、丰富茶文化，就成为继承和发扬中华传统文化的题中应有之义。

当前，中华文化正面临着对内振兴、发展，对外介绍、交流的双重机遇。相信该丛书的修订出版，必将推动茶文化的传承保护、茶产业的转型升级，提升茶文化特色小镇建设和茶旅游水平；同时对增进世界人民对中国茶及茶文化的了解，发展中国与各国的友好关系，推动"一带一路"建设将会起到积极的作用，有利于扩大中国茶及茶文化在世界的影响力，树立中国茶产业、茶文化的大国和强国风采。

姚国坤

2017 年 6 月于杭州

前　言

　　茶，是中国人对人类文化的一大贡献。中国是茶树的原产地，是最早发现和利用茶叶的国家。

　　茶具，是茶文化最重要的载体之一，专用茶器具的创意与发明，是茶文化得以成立的重要标志。

　　陕西，是茶祖的故乡，是古代重大茶事活动的汇聚之地，是茶文化兴盛的发祥源头。

　　"茶之为饮，发乎神农氏"。被尊为茶祖的神农氏，最初就是在陕西宝鸡的秦岭山区"尝百草，日遇七十二毒，得茶而解之"。

　　周人立都陕西岐阳周原，开贡茶于国都之先例。秦人灭蜀之后，茶开始大范围流通。目前世界上最古老茶叶的考古发现，就出自公元前 2 世纪中期的陕西汉景帝阳陵，反映了西汉长安宫廷的嗜茶。

　　"茶兴于唐"，茶文化的真正兴盛，是在唐代，更确切地说，茶兴于唐长安。拥有世界性胸怀的大唐文化向世人展示：必须等待唐人的巧思，茶才从它原始粗糙的状态中解放出来，踏上精益求精的过程。

首先，以漕运为条件、南茶北运为特征的茶叶贸易空前繁荣；其次，各种质地材料的专用茶器具开始在京都长安横空出世，诸如金银套装茶器具、石质组合茶器具、瓷质缁素茶器具等，成为茶道、茶宴的标志性配备；第三，史上各种多元化的饮茶风俗，品饮技艺都在唐代纷呈出现，诸如淹茶泡茶、煎茶煮茶、点茶斗茶，皆同时并存，法相初具，有着各自流行和存在的空间。其他诸如茶始有字、茶始成书、茶始征税等，不一而足。饮茶及相关活动，已实实在在成为一种遍布城乡乃至大都会中"无异米盐""难舍须臾""比屋之饮"的社会风尚。这些充满原创性活力的茶事活动都深深影响到了后世。

　　琳琅满目，尽是高雅动人。唐代是各种始创性专用茶器佳作纷呈的时代，在世界茶文化发展史上享有划时代的崇高声誉。新的发现和研究成果表明，盛唐京城以艺术化的饮茶为旨趣的茶事活动，引领风尚，多元化创新，以茶饼和各种饮茶方式的传承、探索和创立为标志，伴随专用"雅器"的创意，开创了雅饮的茶道文化。中晚唐时期陆羽所提倡的程序化的煮茶方式，其核心概念与主要流程，早在盛唐开元天宝年间已经在国都长安初步成形，甚至宋代大为流行的点茶斗茶、明代蔚然成风的散茶冲泡，都可以在茶道初创的盛唐长安找到其源头，它从一

　大唐宫廷茶具文化

个全新的层面佐证和丰富了以陆羽《茶经》、苏廙《十六汤品》为代表的唐代茶艺和茶道文化内涵，彰显了茶之国饮的地位，具象了唐代茶文化的形成与发展过程。

"器为茶之父"，以法门寺唐塔地宫和唐长安醴泉窑出土的多种系列大唐专用茶具为代表，不仅反映了唐京都长安茶道之风盛行的典雅风范，也明晰了唐代皇家寺院茶饮和茶供养的幽思情怀。各类唐代专用茶器具，构思精妙，巧夺天工，具有极高的学术价值和艺术价值。正所谓"盛世之清尚，风韵之雅趣"，它既是生活的艺术，更是一种艺术的生活；它不单纯是感官的享受，更是一种"清、静、雅、和"的品位和灵性修炼的媒介。已经绵延数千年且不断光大的中国茶文化，历久弥新，其博大精深的内涵，遍布全球的受众，彰显着茶在 21 世纪引领风骚的辉煌。

茶具，以及所有围绕茶而衍生的古今感官艺术，举凡茶与服饰器具，茶与礼仪，茶与曲乐，茶与诗书画，茶与饮食，茶与养生、茶与香华等，形成一种文化氛围，汇成一种风雅的情境和气质，由身而心，直抵修身之道。

目 录

总 序

前 言

一、大唐宫廷茶具文化产生的历史背景 / 1

  1. 大唐王朝 / 2

  2. 佛教的鼎盛 / 3

  3. 茶文化的繁荣 / 8

二、法门寺出土的大唐宫廷茶具 / 19

  1. 金银器 / 21

  2. 秘色瓷器 / 28

  3. 琉璃器 / 30

三、《茶经》等记载的茶具和其他地方出土的茶具 / 33

  1. 《茶经》中记载的茶具 / 35

  2. 《十六汤品》记载的茶具 / 38

  3. 其他地方出土的茶具 / 39

四、大唐宫廷茶具的制作技术 / 45

    1. 木器制作 / 46

    2. 竹器编织 / 47

    3. 陶瓷烧制 / 49

    4. 金属器冶铸 / 52

五、大唐宫廷茶具的审美意蕴 / 57

    1. 取材高贵 / 58

    2. 色彩玄秘 / 60

    3. 纹饰多样 / 62

    4. 绘物吉祥 / 66

    5. 结构奇美 / 70

六、关于大唐宫廷茶文化的诗书与绘画 / 73

    1. 茶画 / 74

    2. 茶书 / 78

    3. 茶诗 / 79

七、大唐宫廷茶饮流程复原 / 87

    1. 督造贡茶 / 88

2. 制作茶具 / 89

3. 清明茶宴 / 90

八、大唐宫廷茶具文化对后世的影响及价值 / 95

1. 影响后世的宫廷茶饮 / 96

2. 影响后世茶具的制作 / 97

3. 促进后世茶画、茶书、茶诗的发展 / 100

4. 彰显后世茶文化特质 / 106

九、大唐宫廷茶具与丝路建设 / 109

1. 丝绸之路 / 110

2. 丝路建设 / 112

3. 法门寺与丝路建设 / 113

4. 大唐宫廷茶具与丝路建设 / 124

结束语 / 127

参考文献 / 129

大唐宫廷茶具文化产生的
历史背景

我国古代社会的经济、政治与文化，至唐王朝时进入鼎盛繁荣时期。开放社会的鼎盛繁荣，长安大都会茶文化和佛教文化的鼎盛繁荣，是大唐宫廷茶具文化产生的社会背景。

1. 大唐王朝

大唐王朝自618年建立，到907年灭亡，经21帝历时289年，乃中国封建社会的鼎盛繁荣时期。时经学因孔颖达《周易正义》《尚书正义》《毛诗正义》《礼记正义》《春秋左传正义》而一统；史学相继修成晋书、南史、北史、隋书等，另有《史通》《通典》《元和郡县图志》等；宗教则道教、佛教、儒学并立，趋于繁荣；产生了韩愈、柳宗元、刘禹锡等大思想家，王勃、陈子昂、王维、岑参、李白、杜甫、白居易等杰出诗人，李淳风、僧一行、孙思邈等自然科学家，李靖、李绩、郭子仪等军事家，欧阳询、褚遂良、虞世南、颜真卿等大书法家，阎立本、吴道子等画家，音乐、舞蹈、雕塑也都有突出的成就。

唐王朝时期，自然科学有了长足的进步，产生了杰出的数学家、天文学家李淳风。他整理注释了《周髀算经》《九章算术》《缀术》《海岛算经》《孙子算经》《缉古算经》《五曹算经》《五经算术》《张丘建算经》《夏侯阳算经》，为自然科学的发展奠定了理论基础。他还改良了浑天仪，制定了《麟德历》。此后，僧一行实测子午线，编制出更准确的《大衍历》。

在医学方面，产生了药王孙思邈，著《千金方》，收录了800余种药物，5 300多个药方。另外，苏敬编修了《唐新本草》收集药物840余种，是世界上第一部由国家颁布的药典。

唐王朝时期，各经济部门都有长足的进步。唐政府组织各地兴修水利工程，使用筒车提水灌溉农田。农民普遍使用曲辕犁深翻土地，使用耙、碌碡等碎土除草。北方农民种植麦、粟、大豆，南方水稻品种多达十二种，栽培双季稻，提高了粮食产量。农民已经使用"嫁接术"，生产梨、桃、柿、粟、柑、橘、猕猴桃、食用菌和茶叶等瓜果蔬菜经济作物。

唐代经济繁荣突出地体现在手工业生产上。唐政府以工部、少府监、将作监，调集各地能工巧匠包括外来归化或侨居工匠从事织染、矿冶、造船、制盐、军器、铸钱、瓷器、造纸、造酒、制糖等手工业生产。可以生产锦、罗、纱、缎、绸、绢、布等各种织品；可以冶炼金、银、铜、铁，并制造各种金属产品；可以制造千石大船；可以烧制如银如雪的白瓷、黑白对比强烈的缁素瓷、珍稀罕见的秘色瓷和色彩绚丽的唐三彩……。发达的手工业为大唐茶具的生产提供了技术条件。

2. 佛教的鼎盛

佛教产生于古代印度。创始人乔达摩·悉达多，被人尊称为释迦牟尼，与孔子大致生活在同一时代。西汉末年佛教经西域传入中原地区。公元前2年，大月氏国的使臣伊存来到长安，博士弟子景卢向他学习《浮屠经》。东汉明帝时，派郎中蔡愔、博士弟子秦景等出使天竺，求取佛法，携回《四十二章经》，据说是用白马驮经而归。于是在洛阳城西修建白马寺，翻译佛经。

从汉至三国、魏、西晋时期，佛教在中国缓慢传播，其主要的活动是翻译佛经，长安、洛阳和建邺是佛教传播的中心，形成安世高为代表的小乘禅学和支谶、支谦为代表的大乘般若学。东晋、南北朝时期，佛教逐渐向鼎盛发展，各地到处大兴土木，兴建佛塔、寺院，著名的敦煌、云冈、龙门等石窟艺术，都是这一时期的产物。此时，佛教也根据教义、思想的不同，形成道安、鸠摩罗什为代表的北派和以慧远为代表的南派。南方的梁武帝大修寺庙，大兴佛事，还多次舍身佛寺，急得大臣们凑足大量金钱去寺庙为他赎身，北方除北魏太武帝和北周武帝外，皇帝们都笃信佛教，洛阳周围到处都建有寺庙。

隋唐是中国佛教发展的鼎盛期，民众把礼佛看作"增福""消灾"和"荐福"的精神寄托，统治者希冀于政权的稳定长久，把佛法看作护国护民的神圣法宝。

隋文帝杨坚，出生于同州（今陕西大荔）般若寺，由尼姑抚养长大，对佛教有很深的感情。当了皇帝后，扶持利用佛教治国。在全国113个州建寺塔，皇帝亲派僧宣读"忏悔文"。各州按实际情况，召集僧尼360人、240人、120人，为皇帝、皇族，一切官、民，行道、忏悔、祈福七日，任民众施舍。于是，举国掀起崇佛之风，推动佛教进入鼎盛。

唐高祖虽然奉道教为国教，但唐太宗逐鹿中原清除割据之时曾得到过佛教徒的大力援助，所以他登基之后重视佛教，下诏在全国各地兴建寺庙，优待僧人，促使当时出现了玄奘等大批著名高僧和佛教宗派。唐中叶以后，以慧能为代表的禅宗压倒其他宗派，一枝独秀，只把佛看作崇高的精神境界，认为不必去习诵琐碎的佛经，也不必长期修行，只要向自己心中寻求就行了，一旦心灵达到崇高的精神境界，即"明心见性"，也就成佛了。禅宗对佛的理解世俗化，又主张简单速成，遂使佛教普及化、民众化，推动佛教进入鼎盛期。

法门寺的崛起就是佛教进入鼎盛期最好的见证。法门寺位于今陕西扶风县北10公里的法门镇。创建于东汉，以瘗埋佛骨舍利而闻名。北魏时名阿育王寺，北周时扩建，已成皇家寺院。隋代为成实道场。618年，唐高祖李渊改为法门寺。

■法门寺

619年，李世民在扶风大败割据势力薛举，使唐王朝占领了整个关中，认为是得佛保佑，遂令法门寺度僧80人，以高僧惠业为住持。631年，岐州刺史张德亮奏请"开剖出舍利以示人"，并说其30年一开，令"生善"。唐太宗高兴地拨木料、石料修葺寺宇，庄严秀丽，并下诏瞻拜舍利。时"通观道俗，无数千人一时同观"。从此，法门寺成为唐王朝皇家寺院。皇室供给法门寺斋供，30年作为瞻拜舍利的周期，成为制度性安排的定例。

659年，法门寺高僧奏请迎佛骨至京师洛阳供养。唐高宗高兴，遂于

■法门寺佛骨舍利

660年迎佛骨至洛阳，供养两年零七个月后送归，并下令将原木塔扩建为四级，下建地宫珍藏舍利。皇后武则天施舍了九重宝函和大批钱、绢等。

704年，距高宗迎佛骨已44年，当时武则天已82岁，为了祈求延年益寿，她打破了惯例，迎佛骨至京师长安供养。不料，武则天被逼让位给中宗后死去。唐中宗继续供养，直至708年方才送归，中宗和韦后赐汉白玉灵帐，剪青丝入塔。

757年，唐肃宗在凤翔调集各路兵马准备收复长安。高僧不空曾作法鼓舞士气。肃宗收复长安后，感激佛恩，遂于760年迎佛骨至长安宫中，施舍不少珍宝，供养一月半遂归。

790年，按惯例是迎佛骨之年，因唐德宗经历"四王二帝"和"泾师之变"，也深感佛教稳定社会的作用，遂下诏迎佛骨到长安，先到禁中供养瞻拜，后送各寺开放供养，一月后遂归。

■ 唐皇迎佛骨图

820 年，按惯例仍是迎佛骨之年，唐宪宗因奉行改革，取得了对藩镇斗争的胜利，史称"元和中兴"，为了宣扬政绩，同时祛病长寿，遂为这次迎佛骨做了充分准备。2 月 6 日，高僧 30 人护送佛骨至长安，路途三百里，筑起高台香刹，张灯结彩。人们五体投地，争相施舍，"百姓有废业破产，烧顶灼臂而求供养者"。宪宗素衣斋食，虔拜舍利。

　　宪宗之后，唐王朝急剧衰落，继任的穆宗、敬宗和文宗都未迎佛骨，唐武宗反而大规模毁佛。唐宣宗时，850 年应是迎佛骨之年，但宣称"恭谨节俭"，不做劳民伤财之举，这一年也就没有迎佛骨。

　　873 年，并非惯例迎佛骨之年，但唐懿宗一见唐王室风雨飘摇，二因身患重病，遂决心破例迎佛骨，并且说："生得见之，死亦无恨。"三月，高僧们送佛骨至长安，唐懿宗组织了隆重的欢迎仪式，禁军兵仗，公私音乐，沸天浊地，绵亘数十里，仪卫之盛，过于郊祀。唐懿宗亲自下安福门顶礼膜拜，

赐予大量珍宝。宰相以下竞施金帛，不可胜计。七月，懿宗病死，其子李儇继位，是为唐僖宗。僖宗组织隆重的舍利送归活动。874年2月，佛骨回归地宫，两千多件皇室供佛珍宝安放其旁，这批珍宝中有茶具十多件。

3. 茶文化的繁荣

中国西南地区是世界茶的起源地和诞生地。在石器时代，生活在西南一带的先民们已经与茶相遇相识。之后的神农氏时代，"神农尝百草，日遇七十二毒，得茶而解之"，人们已认识到茶叶的一些功效。

■炎帝神农氏画像

周人立都周原，奠定中华礼乐文明之基，首开秦岭以南之贡茶于北方国都之先例。秦人灭蜀，大范围茶之流通得以遂行。汉承秦制，贡茶依旧。当下最为古老茶叶之考古发现，便出自陕西汉景帝阳陵，时值纪元前2世纪中叶，是为西汉长安宫廷饮用贡茶之实证。

西汉王褒《僮约》中有"烹茶净具""武都买茶"两句，说明西汉时已有茶叶交易和烹茶习俗了。囿于世情时序，汉代虽为强世，茶事亦仍未脱粗陋之窠臼。

三国吴国君孙皓允许大臣韦曜以茶代酒。西晋张载《登成都白菟楼诗》中有"芳茶冠六清，溢味播九区"的诗句，称茶是最好的饮料。左思描绘他的两个爱女烹茶，写《娇女诗》中有"心为茶荈剧，吹嘘对鼎䥶"的诗句，说明西晋一些贵族家庭妇孺都饮茶。《晋书·桓温列传》中有以茶为崇尚俭朴的记述。南北朝时《吴兴论》中有"乌程（浙江长兴古称）县西北二十里温山出御荈"的记载，说明其时已有宫廷用茶。

隋唐统一和开放，为经济社会发展和文化创新交流创造了条件。拥有世界性胸怀的大唐文化向世人展示：必须等待唐人的巧思，茶才从它原始粗糙的状态中解放出来，踏上精益求精的过程。

首先，以长安为中心漕运和网状丝路的完善为条件、南茶北运为主流的茶叶贸易空前繁荣。据《旧唐书·韦坚传》，天宝二年（743

■汉景帝阳陵出土最古老茶叶

年），漕运首次通达长安，时任转运使（交通部长）的韦坚在长安城东建集散货物的"广运潭"，举办了中国历史上首次"轻货"物产的码头水岸博览会，伴随着旌旗招展，且歌且舞，各地船舶所载特色土贡产品纷呈，其中不仅有南方的贡茶，还有来自豫章郡（江西）等中南地区的茶具，如茶釜、茶铛、茶碗等，京城贡茶的效率更快，来源也大为拓展。

其次，各种质地的专用茶器具开始在京都长安亮相登场，诸如金银套装茶器具、石质组合茶器具、瓷质缁素茶器具等，成为品茗、茶宴的标志性配备。

第三，史上各种多元化的饮茶风俗，品饮技艺都在唐代纷呈出现，诸如痷茶泡茶、煎茶煮茶、点茶斗茶，皆同时并存、法相初具，有着各自流行和存在的空间。中唐时期茶圣陆羽所提倡的程序化的煮茶方式，其核心概念与主要流程，早在盛唐开元天宝年间已经在国都长安初步成形，甚至宋代大为流行的点茶斗茶、明代蔚然成风的散茶冲泡，都可以在茶艺初创的盛唐长安找到其源头。

第四，茶事活动上升为关乎大唐朝廷税收的"茶政"，朝廷主导，全社会高度重视。安史之乱后，进入中唐时期，嗜茶之风已遍布城乡。在朝廷顺势而为的推动下，以京城长安为中心，以贡茶为基础的茶政体系全面形成。茶政茶法一般包括贡茶、税茶、榷茶，以及茶叶的输边（茶马互市）、和亲、外贸的有关上谕、法令规定和制度等内容。茶政体系的确立，标志着继盐铁之后，茶成为国家财政收入的又一主要来源。茶，由无关宏旨的私人雅饮上升为关乎大唐朝廷税收的国家大政。自中唐开始，朝廷强力实施的"茶政"成为国之大事，引起全社会的高度重视，茶事活动开始大规模进入文人墨客的笔端，如此推波助澜，茶亦真正成为了"国饮"。其间，陆羽《茶经》、苏廙《十六汤品》等茶书的问世，以及茶诗的空前繁荣，便体现出这样一种划时代的意义，进而把茶文化发展到一个崭新的高度。一代盛世，唐茶文化，聚成于长安，辐射于周边，东渐扶桑，流布天下。

唐朝皇帝多数爱饮茶，"上有所好，下必甚焉"，大唐天子像重视僧道一样重视茶，抬高了茶的地位，使茶俗风靡大江南北，从而成为大唐"国饮"。

冯贽《云仙杂记》载：太宗时期以茶赐公卿大臣，乃"唐故例"。皇帝赐茶，贯穿有唐一代诸帝，成为体现恩宠、奖赏、礼遇的重要方式。

盛唐玄宗时期，"茶道大行，王公朝士无不饮者"（《封氏闻见记》），玄宗不仅常赐茶药与宫中随从道士申元之（《仙传拾遗》），而且还将宫廷内库所存千斤贡茶作为"夫役之赐"，赐给修建兴唐观复道的工匠(《唐会要·尊崇道教·观》)。玄宗本人精通茶艺，《梅妃传》记载：李隆基在宫中与爱妃作斗茶游戏，成为斗茶这一"盛世之清尚"的最早渊薮。

茶叶生产和流通迅速发展，茶区进一步扩大，有43个州郡、44个县产茶，遍及现今的四川、重庆、陕西、湖北、湖南、河南、安徽、江西、浙江、江苏、贵州、广西、广东、福建、云南15个省（自治区、直辖市）。

随着产茶区域的扩大，饮茶习俗也随之迅速普及。封演《封氏闻见记》说："古人亦饮茶耳，但不如今人溺之甚，穷日尽夜，殆成风俗，始自中地，流于塞外。"北方也开始流行饮茶，正如《膳夫经手录》所说："今关西、山东、闾阎村落皆吃之，累日不食犹得，不得一日无茶"。641年，唐太宗将文成公主下嫁吐蕃松赞干布，同时带去了茶叶，传去了饮茶技艺。从此，西藏也开始饮茶。饮茶的人群，包括皇室、宫廷、僧尼、道人、士人和广大民众。

饮茶的风尚促使制茶技术的提高，主要产品有粗茶、散茶、末茶、饼茶等。粗茶是粗老茶叶加工而成的；散茶指幼嫩叶加工成的晒青、炒青、烘青散叶茶；末茶是指蒸叶捣碎后干燥的碎末茶。饼茶，又称蒸青饼茶，是唐代制茶技术的最高成果，需要经过采茶、蒸茶、捣茶、拍茶、列茶、晾茶、焙茶等工序才能制成。其有大有小，有方形的圆形的，也有花形的。其外观形态多种多样，有的像胡人的靴子，有的像野牛的胸脯，有的像浮云出山，有的像轻风拂水，有的像细土泥膏，有的像新垦土地，还有像箩筛、笋壳等。这种饼茶需要煎煮成汤方可饮用，煎煮大致步骤是：烤茶——碾碎罗末——烧水至二沸加盐调成咸味——至二沸时舀出一瓢水并投煮茶——至三沸时，倒回刚舀出的水止沸育成汤花——分茶至茶碗饮茶。由此就需要多种多样的茶具，导致茶具文化的产生。

饮茶的风尚不仅促使茶叶生产扩大，也使人们注意名茶的生产。当时享誉四方的名茶有剑南的蒙顶石花茶、小方茶、散芽茶，湖州的顾渚紫笋茶，东川的神泉小团茶、昌明兽目茶，峡州的碧涧茶、明目茶、芳蕊茶、茱萸寮茶，福州的方山露芽茶，夔州的香山茶、江陵的楠木茶，湖南的衡山茶，岳州的邕湖含膏茶，常州的义兴紫笋茶，婺州的东白茶，洪州的西山白露茶，寿州的霍山黄芽茶，蕲州的蕲门团黄茶等150多种。

在名茶中，贡茶引人注目，唐高祖武德年间的贡茶有：庐江郡的黄芽，蕲春郡（湖北蕲春）的团黄茶，义阳郡（河南信阳）的毛尖茶、湖州吴兴郡（浙江吴兴）的紫笋茶（阳羡茶），长乐郡（福建闽侯）的七宝茶，新定郡（浙江建德）的鸠坑茶（《新唐书·地理志》）。唐武则天天授二年（691年）新增贡茶：灵溪郡（今湖南龙山）的芽茶（《新唐书·地理志》）。唐玄宗天宝（742—755年）新增贡茶：南岳（湖南衡山）的贡茶（《新唐书·食货志》）。唐肃宗至德二年（757年）新增贡茶：山南道汉阴郡（陕西紫阳）的毛尖茶（《新唐书·地理志》）。770年，朝廷在顾渚山（今浙江吴兴县）建立贡茶院，每年春分至清明时节，官府派要员上山督造贡茶，"役工三万，累月方毕"，生产专供皇室饮用的"顾渚紫笋"贡茶，而且要求首批贡茶必须在清明节制造好并快马加鞭送达长安，以便皇室举办清明宴时尝新茶。宫廷茶文化由此而形成。

茶文化，从广义而言，是人类在社会历史发展过程中所创造的有关茶的物质财富和精神文化的总和。它以物质为载体，反映出明确的精神内容，是物质文明与精神文明高度和谐统一的产物。内容包括产茶文化、制茶文化、饮茶文化、赏茶文化四大内容，茶的历史发展，茶业科技，千姿百态的茶类和茶具，饮茶习俗和茶道茶艺，茶书茶画茶诗词等文化艺术形式，以及茶道精神与茶德等，都包括在茶文化的内容之中。其中，茶具是茶文化最重要的载体之一，专用茶器具的创意与发明，是茶文化得以成立的重要标志之一。

初、盛唐时期，京城以寺院为中心，在一些被称为"幽士逸夫"的僧道、文人和士大夫人群当中，伴随"雅器"的创意，开创了雅饮的文人和僧人茶文化。

1999年5月，唐长安醴泉坊三彩窑址发现的外黑内白（缁素）瓷茶器，

■ 唐长安醴泉窑址出土的外黑内白（缁素）瓷茶器及残片

属迄今考古发现中时代最早的材料，其时空属性确定，绝对年代清楚，存在时间短暂，系盛唐时期开元后期至天宝年间（731—755年）的产品；又仅流行于京城地区，属于盛唐京城地区所特有，从"器用"走向"审美"，造型规整，功能明确，制作精良，特征鲜明，黑白对比强烈，是一批不可多得的珍贵资料。这一发现，可与同时期京畿之外泰山灵岩寺禅茶之风的记载形成对照，显示出京畿内外寺院茶事活动的相互影响和互动传播，助力饮茶之风的形成。

石质茶具是唐人心目中仅次于金银茶具的"雅器"："石，凝结天地秀气而赋形者也，琢以为器，秀犹在焉。其汤不良，未之有也（《十六汤品》）"。以石茶具盛煮出的茶汤，既秉承天地灵秀之气，又不失茶之天然碧色，故被唐代文人雅称为"秀碧汤"。

1999年5月，在唐长安西市以北的醴泉窑址中，与缁素瓷茶具同时出土

■唐代滑石质茶具（台湾自然科学博物馆收藏）

有石质横柄茶瓶。在唐长安附近的唐墓中，也屡有发现石质横柄茶瓶或石质茶釜，年代均为开元后期至天宝年间。20世纪90年代前期，台湾自然科学博物馆收藏到一套12件组的唐代滑石质茶具，是迄今为止最完整的一组唐代石制茶具。这套石质茶具中，特征明显的横柄茶瓶和石茶釜（镬）均与长安地区开元天宝年间的同类器物完全一致。这是盛唐时期的一组集大成的茶器具，包括有煎茶煮茶的茶釜、淹茶的横柄茶瓶和点茶的注瓶等，因茶择器，可适应各种不同茗饮方式的品味需求，或与茶社、茶铺的器具安排相关。

自中唐开始，朝廷强力实施的"茶政"成为国之大事，引起全社会的高度重视，茶事活动开始大规模进入文人墨客的笔端，如此推波助澜，茶亦真正成为了"国饮"。其间，陆羽《茶经》、苏廙《十六汤品》等茶书的问世，以及茶诗的空前繁荣，便体现出这样一种划时代的意义，进而把茶文化发展到一个崭新的高度。

陆羽著《茶经》《茶记》和《顾渚山记》，张又新著《煎茶水记》，温庭筠著《茶谱》，苏廙著《十六品汤》。阎立本作《萧翼赚兰亭图》，不知名作者作《宫乐图》，周昉作《调琴啜茗图》和《烹茶图》，张萱作《煎茶图》，113人作茶诗391首，人数之多，范围之广，空前未有，李白的《仙

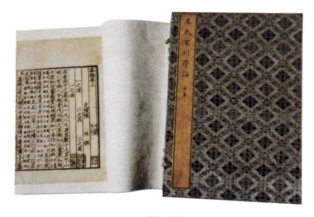

■《茶经》

人掌茶诗》，卢全的《七碗茶歌》，白居易的《山泉煎茶有怀》，袁高的《茶山诗》等，都成为茶文化的精彩篇章。大量唐代茶诗不仅涉及选茶、择水、备器、雅室、冲泡、品尝茶艺六要素，还涉及与茶相关的经济社会文化礼俗等的方方面面。

在唐代茶文化形成的过程中，产生了茶文化的集大成者——《茶经》。它的作者陆羽（733—804年），字鸿渐，唐代复州竟陵（今湖北天门）人。本是寺院收养的一个弃婴，在寺院长大，受佛教影响较大。12岁后离开寺院。746年，被竟陵太守李齐物赏识，亲授诗文。22岁后，矢志研究茶事，764年撰成《茶经》初稿，780年付梓刊印。

■ 陆羽 像

《茶经》，全书三卷十章分为：一之源（论茶的起源），二之具（论茶的采制工具），三之造（论茶叶采制方法），四之器（论茶的烹饮具），五之煮（论煮茶方法和水的品质），六之饮（论饮茶风俗和科学饮茶方法），七之事（论述古代有关茶事），八之出（论述全国茶叶产地和茶叶质量），九之略（论述在一定的条件下怎样省略茶叶采制工具和烹饮用具），十之用（指出要将上述内容写在绢上张挂起来，用以指导茶叶产制和烹饮）。

陆羽是茶史上的一代伟人，《茶经》是史上第一部最完备的综合性茶学著作，对后世具有根本性的影响，是中国茶学的奠基人，被誉为"茶神""茶圣"，以至于自晚唐起，京城长安和东都洛阳的茶馆、茶社内，普遍备有产自巩县的陶瓷鸿渐(陆羽)像，"买数十茶器, 得一鸿渐"(《唐国史补》)。《茶经》奠定了中国茶文化的基本构架：种茶文化，制茶文化，煮茶文化，饮茶文化，赏茶文化。《茶经》也奠定了中国茶文化"精行俭德"及"清静雅和"的基本精神。从此，中国茶文化既有它的物质形态，又有了它的精神形态。《茶经》标志中国茶文化最初形成。

二

法门寺出土的大唐宫廷茶具

法门寺居丝绸之路京畿地带的要冲，是唐代以皇帝为首的佛祖舍利供养和朝拜中心，集宫寺、国寺、灵迹圣域和佛教弘传中心为一体，是当时全国最大的寺庙之一，在中外文化交流中起到了极其重要的作用。距唐懿宗迎佛骨一千余年后，即1981年，矗立在法门寺中的四百年明代真身宝塔一半部分从顶到底，因地震所致坍塌，只有剩余部分依然挺立。民众要求重建宝塔，重建必须拆除残塔，清理塔基。1987年4月3日，考古工作者在清理塔基时，意外地发现了唐代地宫。地宫内五彩缤纷，金光闪闪，放置着四枚佛指舍利，其中一枚灵骨，三枚影骨。围绕佛骨放满了唐代佛教法器与唐皇供佛珍宝，其中有121件（组）金银器，14件秘色瓷，20件琉璃器，700多件丝（金）织物，400多件珠玉宝器及艺术品，27 000余枚铜钱币。在这些文物中，有一套唐宫廷系列茶具，乃20世纪茶文化史上最重大的考古发现。

　　法门寺地宫出土的唐代宫廷茶具，系唐僖宗李儇御用品，作为国宝重器奉献于佛祖真身舍利，实现了焕丽的宫廷茶器向庄严的贡佛法器的华丽转身，以示虔诚礼佛的心愿。主要包括烘焙、碾罗、贮藏、烹煮、饮茶用具等类别，配套完整，数量丰富，自成体系，构思精妙，巧夺天工，是目前世界上发现时代最早、等级最高的宫廷茶具，具有极高的学术价值和艺术价值。

地宫出土的茶具系列，集大唐御礼之华贵、聚真身供养之庄严，反映了唐代宫廷茶文化所达到的最高境界，既是唐代宫廷饮茶风尚极其奢华的历史印证，又是精美的艺术珍品，成为认识大唐文化的一个重要内容和方面。

1. 金银器

金银丝结条笼子　长 14.5 厘米，宽 10.5 厘米，高 15 厘米，重 355 克。以金银丝编制而成。笼体呈椭圆形桶状，上有盖，下有足。笼盖呈四瓣葵口，盖心以金银丝编织成塔状物，并衬以金丝花瓣。塔状物四周各有一朵金丝团花。笼盖与笼体以子母扣合，上下口及底边均以鎏金银片镶口。笼体两侧编结出提梁，提梁与盖以长链相联结。四足膝部为带髯龙头，以银丝盘的四枚涡纹构成足跟。笼底亦系镂空编织而成。

笼子，是《茶经·二之具》所说的一种，是盛物的器具，分三种，方形的叫箱，圆形的叫筥，圆形且有盖的叫笼。民间用竹制，茶农采茶时背在肩上盛放茶叶。皇家用银制成，称银笼子，此器用以贮备茶叶、团饼，使用时在笼底垫以木片，以便茶

■ 金银丝结条笼子

干燥而茶色不减。有时亦用于盛放樱桃等时令水果。献佛时盛放茶等物，象征"茶来自茶农的采摘"。

鎏金鸿雁纹银茶槽子 长27.4厘米，宽4.4厘米，槽深3.4厘米，辖板长20.7厘米，高7.1厘米，重1168克。捶揲錾刻成型，纹饰鎏金。通体为长方形，由碾槽、辖板、槽身、槽座4部分组成。槽呈半月弧形，口沿外折，与槽座铆接，为碢轴滚槽。辖板呈长方形，插置槽口，中间焊以宝珠形小捉手，可以抽动开合。捉手两边各錾一只鸿雁，衬以流云纹。槽身顶面两端为如意云头状，两壁有镂空壶门。壶门间錾饰两匹相向的天马，间以流云纹。槽座上承槽身，两端亦作如意云头状，周边饰二十朵扁平团花。座底錾刻："咸通十年文思院造银金花茶碾子一枚并盖共重廿九两，匠臣邵元，审作官臣李师存，判官高品臣吴弘悫，使臣能顺。"辖板等处有刻文"五哥""十六字号"等字样。碾槽设盖当是防尘保洁，也更符合卫生要求，防尘盖的设置，是古茶碾中罕见的例子。

"文思院"是皇家制造金银器物的机构，凡所造之物都应有编号，"十六字号"是该物的编号，"五哥"是唐僖宗排行小名。由此可知，该物是唐僖宗供奉的。

茶碾子，《茶经·四之器》作"碾"，是把茶饼碾成茶末的工具。陆羽说："碾以橘木为之，次以梨、桑、桐、柘为之。内圆而外方。内圆，备于运行也；外方，制其倾危也。"宫廷豪华，以银代木做碾。

鎏金团花银碢轴 轴长21.6厘米，轮径8.9厘米，重524克。浇铸捶揲成型，纹饰平錾鎏金。碢轴为实体，形似铁饼，轴边有平行齿槽，用于在茶槽子中粉碎团茶。轴轮两侧以轴眼为中心饰团花，团花外绕以流云纹。轴面錾文"碢轴重一十三两""十七字号"，并刻有"五哥"字样，轴杆为两端细中间粗，一端较另一端稍长，两端各錾鎏金草叶纹，一端也錾刻"十七字号"及"五哥"字样。由此可见，该物是唐僖宗供奉给佛的。

■ 鎏金鸿雁纹银茶槽子

■ 鎏金团花纹银碢轴

碾轴，《茶经·四之器》作"堕"。陆羽说："堕，形如车轮，不辐而轴焉。长九寸，阔一寸七分。堕径三寸八分，中厚一寸，边厚半寸。轴中方而执圆"。民间以木、铁制作，宫廷豪华，以银代木、铁做轴。

鎏金飞天仙鹤纹银茶罗子 身长13.4厘米，宽8.4厘米；屉长12.7厘米，宽7.5厘米，高2厘米；座长14.9厘米，宽9.9厘米，高2厘米；通高9.5厘米，重1 472克。呈长方体，由盖、罗、屉、罗架、器座组成。盖面錾饰两只首尾相对的飞天，头顶及身侧衬以流云。盖刹四侧各饰一和合云纹，两侧饰如意云头，刹边饰莲瓣纹，盖立沿饰流云纹。罗架两侧饰头束髻、着褒衣的执幡驾鹤仙人。另两侧錾相对飞翔的仙鹤，四周饰莲瓣纹。罗、屉均作匣形。罗分内外两层，中夹罗网。屉面饰流云纹，有环状拉手。罗架下焊台形器座，座上有镂空的桃形壶门。座底錾刻"咸通十年文思院造银金花茶罗子一副，全共重卅七两，匠臣邵元，审作官臣李师存，判官高品臣吴弘愨，使臣能顺"。另有"十九字号"錾文两处，墨书，划刻"五哥"各两处。由此可知，此物也是唐僖宗供奉给佛的。唐代茶罗以前从未出过，此为绝无仅有的一例，弥足珍贵。

■鎏金飞天仙鹤纹银茶罗子

茶罗子，《茶经·四之器》作"罗合"，是筛茶末并贮存筛好的茶末的器具。陆羽说："罗合，罗末以合盖贮之，以则置合中。用巨竹剖而屈之，以纱绢衣之。其合，以竹节为之，或屈杉以漆之。高三寸，盖一寸，底二寸，口径四寸"。宫廷豪华，以银代竹木做罗子。

鎏金摩羯鱼三足架银盐台　台面直径16.1厘米，通高27.9厘米，重564克。钣金焊接成型，纹饰平錾，模冲鎏金。由盖、台盘、三足架组成。

■ 鎏金摩羯鱼三足架银盐台

盖上有莲蕾捉手，中空，分作上下两半，以银筋焊接并与盖相连。盖为覆荷叶状，盖面錾饰叶脉，底缘上卷，盖心饰团花一朵，盖面饰摩羯鱼四尾。台盘宽沿、浅腹、平底。三足支架与台盘焊接相连，支架以银筋盘曲而成，架中部斜出四枝，枝端分别接出二尾摩羯鱼和两颗莲蓬宝珠，宝珠周围绕以火焰纹。支架上錾刻："咸通九年文思院造银金涂盐台一只，并盖共重一十二两四钱，判官吴弘悫，使臣能顺。"另有"四字号""小药焊"等字样。这件盐台的出土，为了解唐代后期的饮茶方式提供了重要的实物资料。

盐台，《茶经·四之器》作"鹾簋"，是盛放食盐的器具。陆羽说："鹾簋，以瓷为之，圆径四寸，若合形，或瓶，或罍，贮盐花也。"宫廷豪华，以银代瓷，作成台状，盖顶部蕾组内放胡椒，下面台盘放盐花。

盘丝座葵口小银盐台 口径8.7厘米，座高4.8厘米，通高6.2厘米，重75克，共3件。由盘和台座两部组成，钣金成型。五曲葵口，平底，浅腹。腹壁竖錾五条凸棱，盐台座以银丝盘曲三圈，与盘底相焊接。通体光素。

■盘丝座葵口小银盐台

系链银火筋 长27.6厘米，直径2.5～2.6厘米，重76.5克，捶揲成型，上粗下细，通体光素。顶端呈宝珠形，其下有凹槽，环鼻套嵌其中，与第

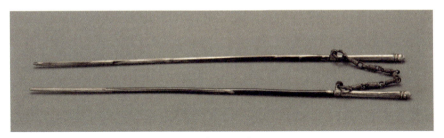

■ 系链银火箸

一筋相连，链为银丝编成。

银火筯，《茶经·四之器》作"火筴"，即陆羽《茶经》所述用于煎烹茶汤时夹拨风炉中木炭的火筴。陆羽说："火筴，一名箸，若常用者，圆直一尺三寸。顶平截，无葱台勾锁之属。以铁或熟铜制之。"宫廷豪华，以银代铁、铜制做，取其洁净高雅。

鎏金飞鸿纹银则
长 19.2 厘米，匙长 4.5 厘米，宽 2.6 厘米，柄宽 0.7 ~ 1.3 厘米，重 44.5 克。则面呈卵形，匙柄扁长，上宽下窄，

■ 鎏金飞鸿纹银则

柄端作三角形，上下部位錾花。上段为流云飞鸿，下段为联珠图案，其间錾十字花，均以弦纹和菱形纹为栏界。柄背光素。

《茶经·四之器》："则，以海贝、蛎蛤之属，或以铜、铁、竹匕策之类。"是煎茶时投茶末所用的量具，所以陆羽说："则者，量也，准也，度也。凡煮水一升，用末方寸匕，若好薄者，减之；嗜浓者，增之。故云则也。"宫廷豪华，以银做之。

鎏金卷草纹长柄银勺　通长 35.7 厘米，勺面长 4.5 厘米，宽 2.9 厘米，重 84.5 克。捶揲成型，纹饰鎏金。勺面微凹，呈卵圆形，勺柄扁长，上宽下窄，

柄上段套箍银片。柄面自上而下分别錾饰三段蔓草纹，其间以凸起的莲蕾作界。柄背光素，中部竖錾"重二两"，并刻有"五哥"字样。据此可知，此物为唐僖宗供奉。

勺，《茶经·四之器》作"竹筴"，陆羽说："竹筴，或以桃、柳、蒲葵木为之，或以柿心木为之。长一尺，银裹两头。"此器为煮茶时不断用来击拂汤面，使茶末融于汤中，银裹两头，是为结实耐用，宫廷豪华，全体以银做成，所以称银勺。

■ 鎏金卷草纹长柄银勺

2. 秘色瓷器

法门寺唐塔地宫出土有14件秘色瓷，仅就釉色言之，分两类，一类青釉，一类黄釉。二者判然有别，均为唐懿宗（859—873年在位）恩赐之宫廷御用品，学界公认为大唐秘色瓷之圭臬。

黄釉秘色瓷碗，富丽堂皇，为大唐制瓷技艺、金银细工、髹漆技艺完美结合之罕见艺术珍品，成为大唐宫廷茶具中的奇葩。

青釉秘色瓷，清新雅致，釉润无比；秘色瓷碗应为饮茶器，是专供朝廷使用的宫廷御品饮茶之具。唐佚名《宫乐图》所反映的宫女饮茶自娱场景中所使用的茶碗，其造型与秘色瓷碗非常相符。

银棱髹漆平脱黄釉秘色瓷碗　口径23.7厘米，腹深7.1厘米，通高8.2厘米，重596克。侈口，圈足，五曲斜腹。内壁施黄釉，釉质滋润，外壁髹黑漆，每曲对应装饰银薄片制成的平脱雀鸟图案花纹一朵，纹饰鎏金，碗口及底均包有银棱扣边。

■ 银棱鎏漆平脱黄釉秘色瓷碗

■ 五瓣葵口圈足青釉秘色瓷碗

五瓣葵口圈足青釉秘色瓷碗 口径21.8厘米，足径9.9厘米，腹深7厘米，足高2.1厘米，通高9.4厘米，重617克。侈口，圆唇，深腹，圈足微外侈。口沿五曲，曲口以下的腹壁有竖向直棱，内凸外凹。通体施青灰色釉，均匀凝润，胎色浅灰，质地细密。足底有支烧痕迹。外壁残留包装物上的仕女图印痕。

五瓣葵口圈足青釉秘色瓷碗 口径21.8厘米，足径9.9厘米，腹深7厘米，圈足高2.1厘米，高9.2厘米，重610克。侈口，圆唇，深腹，腹壁斜收，圈足微外侈。口沿五曲，曲口以下的腹壁有竖向直棱，内凸外凹。通体施青灰色釉，均匀凝润，胎色浅灰，质地细密。足底有烧痕迹，外壁残留包装物印痕。

侈口青釉秘色瓷碗 口径24.5厘米，底径11厘米，腹深6.5厘米，高7.2

厘米，重754克。侈口，平折沿，圆唇，斜腹，平底，外底微凹。通体施青绿色釉，胎质细腻光洁。外壁有包装物上仕女图印痕。外底部有支烧痕迹。

碗，《茶经·四之器》亦作碗。陆羽未讲碗的形状，却从产地和釉色角度大谈瓷碗的档次："若邢瓷类银，则越瓷类玉，邢不如越一也；若邢瓷类雪，则越瓷类冰，邢不如越二也；邢瓷白而茶色丹，越瓷青而茶色绿，

■ 侈口青釉秘色瓷碗

邢不如越三也。"《茶经·五之煮》说"凡酌，置诸碗，令沫饽均"，可见碗是盛茶汤的工具。

3. 琉璃器

法门寺地宫出土了20件琉璃器，这批琉璃器全部为东罗马和伊斯兰产品，是通过陆上丝绸之路和海上丝绸之路传入我国的，是唐代东西文化交流融合的见证和丝绸之路贸易繁荣的体现。这次出土的琉璃茶盏和茶托，是地宫碑文中明确记载的唐僖宗供佛茶具，而它们具有明显的中国造型特点，应是阿拉伯商人按照中国的需求而设计生产的。地宫出土的菱形双环纹深直筒琉璃杯和素面淡黄色直筒琉璃杯，也可以作为唐代的饮茶器具。

素面淡黄色琉璃茶盏和茶托 茶盏，口径12.6厘米，底径3.6厘米，腹深4厘米，高4.9厘米，重117克。喇叭形口，圆唇，腹壁斜收。盏壁上薄下厚，有较厚重的小平底。

茶托，外径13.7厘米，足径4.4厘米，高3.6厘米，重136克。平底深托，宽平沿，立口，圆唇，下有矮圆足。

两器均呈淡黄色，透明，稍泛绿色，有小气泡，内外壁光沿。

茶托是唐德宗建中年间（780—783年）蜀相崔宁之女发明的。《资暇集》记其事说："蜀相崔宁之女，以茶杯无衬，病其烫指，取碟子承之。既啜

而杯倾，乃以蜡环碟子之央，其杯遂定，即命匠以漆代蜡环，进于蜀相。蜀相奇之，为制名而话于宾亲，人人以为便，用于当代。是后传者更环其底，愈新其制，以至百状焉。"陆羽《茶经》于780年付梓刊印，

■素面淡黄色琉璃茶盏和茶托

故未收录。茶盏是茶托发明以后，改制茶碗而成，《茶经》亦未收录。

菱形双环纹深直筒琉璃杯　口径8.2厘米，腹深8.1厘米，高8.5厘米，重130克。浅黄色透明，有小气泡。深腹，直筒，尖唇，口微敛，腹壁外鼓，平底，底心微内凸。壁面饰有五组花纹，每组中间为菱形双环纹，菱形纹外上下各饰三个环纹，各组之间以两行竖联珠纹相隔。

素面淡黄色直筒琉璃杯　口径9.3厘米，高4.8厘米，重70克。浅黄色泛绿色，透明，质地轻薄。直深腹，直筒，圆唇，平底，底心缠贴条形圆环。

■菱形双环纹深直筒琉璃杯

■素面淡黄色直筒琉璃杯

《茶经》等记载的茶具和其他
地方出土的茶具

《茶经》与法门寺出土之茶具的关系，有见于出土而《茶经》未录者，如茶盏、茶托、茶杯；有见于《茶经》记载而未见出土者尚多。

　　广义而言，《茶经》中的《二之具》和《四之器》皆是茶具。《二之具》记采茶的工具有籝、灶、釜、甑、杵臼、规、承、檐、芘莉、棨、扑、焙、贯、棚、穿、育共16种，除籝之外，在宫廷饮茶中皆可省略。狭义而言，茶具仅指《四之器》所记茶的烹饮工具，有风炉（附灰承）、筥、炭挝、火筴、鍑、交床、夹、纸囊、碾（附拂末）、罗合、则、水方、漉水囊、瓢、竹夹、鹾簋（附揭）、熟盂、碗、畚、札、涤方、滓方、巾、具列、都篮共24种，却在宫廷饮茶中缺一不可，正如陆羽所说："但城邑之中，王公之门，二十四器阙一，则茶废矣。"然法门寺出土12种。所以，法门寺出土之茶具并非宫廷完整之茶具，其他未出土但为《茶经》所载者，亦为大唐宫廷茶饮之不可缺。其实，法门寺唐塔地宫出土茶具之所以并非呈现出成套宫廷完整器具，一方面在于：一些有机质材料制成的茶具物件易朽，如所谓筥、交床、纸囊、滤水囊、瓢、竹夹、畚、札、涤方、巾、具列、都篮等都无法保存到今天；另一方面，法门寺地宫出土的唐代宫廷茶具，系唐僖宗李儇本人的皇帝御用品，作为国宝重器奉献于佛祖真身舍利，实现了焕丽的宫廷茶器向庄严的贡佛法器的华丽转身，以示虔诚礼佛的心愿。将宫廷茶器具作为贡佛法器，选取典型代表性器物即可，足以表达和体现皇室礼佛贡器的仪轨要求，从考古发现的其他材质的组合茶器具来看，也同样反映出选取典型代表性器物的做法，考古史上乃至收藏史上，从未有过文献上所有烹饮茶器具同时出土或被悉数收藏的例子。

1.《茶经》中记载的茶具

筥 用竹子编织而成的圆柱形筐子，一般高一尺二寸，直径七寸。也有用木料做成筥形的木架模型，再用藤条编织的，可以编成六出圆眼的图案，用来盛放木炭。

■ 筥

炭檛 用六棱形的铁棒制成。长一尺，头部尖，中间粗，握处细，握的那头可以套一个小环作为装饰，也可以根据使用的方便做成锤形或斧形的，用以把木炭砸碎。

镀，同"釜" 即小铁锅，用生铁做成。生铁，唐代叫"急铁"。制作急铁的材料是坏了的耕刀（即犁或铧），把融炼的铁水倾入锅模，模子内壁抹上泥，外面抹砂土。泥土光滑，使内壁容易磨洗；沙土粗涩，使表面和锅底易于吸热。锅耳呈方形，令锅身端正。锅的边缘宽阔，为的是好伸展开。锅脐要长，使水能集中在锅的中心。锅架在风炉上，用以烧水煮茶。锅脐长，水在锅的中心沸腾，这样，茶末就容易上浮，茶的味道就更加甘醇了。

■ 风炉

据陆羽《茶经》说，在唐代，除了铁锅外，洪州人用瓷器做锅，莱州人用石材作锅。陆羽认为，瓷器和石器都是雅致的器皿，但不结实，不耐用，而银质的锅，至清至洁，才是最好的锅，但过于奢侈。但宫廷讲究的就是奢侈，推测宫廷也用银制锅。

交床　是支釜的架子。由床面和支架两部分组成。床面为正方形，其中挖空一圆形，煮好茶后，将茶锅放置在这圆孔中，这个过程叫"静沸"，即让热的茶汤冷下来。支架共四足，两两相交成十字，以求稳定。

■交床

夹　用小青竹做成。长一尺二寸。在距离一端的一寸处有节，节以上剖开，用它来夹着茶烘烤。这种小青竹在火上烘烤出汁液，可借其香气来增益茶香。但如果不是在深山里烤茶，就很难找到这种小青竹，所以就用精铁或熟铜来制作夹，这样的夹经久耐用。宫廷豪华，就用银制夹，可称银夹。

■纸囊

纸囊　即纸袋子，用来贮存烘焙好的茶，使其香气不易散失。中国汉代造纸业兴起，东汉蔡伦用植物纤维造纸，使造纸术普及，但到了唐代，

■夹，以小青竹制成

纸张仍很珍贵，剡溪（今浙江嵊州）用藤为原料制的纸，称剡藤纸，洁白细致有韧性，十分珍贵。但茶叶更珍贵，唐代人便以剡藤纸做包茶专用纸。

拂末　即扫茶末的刷子。一般用鸟的羽毛做成。茶饼经碾子碾末后，用拂末扫至纸囊。拂末虽小，却为碾茶所不可或缺。

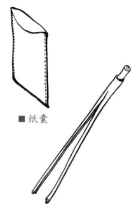

■茶碾、拂末

漉水囊　煮茶用的水需要过滤，过滤水的工具就是漉水囊。在山林中隐居的人，用竹木制作。方法是把竹削成篾丝，编织成像罐子一样的东西，外缝以绢布，装上柄。但竹木制的不耐用，不便携带远行，所以可改用生铜制作外框，其余部分仍以竹篾丝编织。生铜经水，不会产生铜器的污垢和腥涩的气味。一般的漉水囊，圆口直径约为

五寸，柄长一寸五分。可用金银宝石装饰。再用绿色的油布做成袋子，用它把漉水囊装起来，水过滤后就流入其中，这样的水才能倾入锅中煮茶。

■ 漉水囊

瓢　又作杓、匏、㔻。把葫芦对剖，就得到两只瓢。夫妇各执一瓢饮酒，就叫"合㔻而饮"，表示夫妇一体，彼此亲爱。《诗经·小雅·瓠叶》"幡幡瓠叶"，匏就是葫芦。但葫芦瓢易破，人们遂改木制，用柳木、梨木剖制，就称"杓"，作舀水用。

■ 瓢

熟盂　是用来盛开水的器具。盂，原是商周青铜饮食器之一，圆口，深腹，下有圈足，用于盛饮食或其他液体，多用于盛水。唐代或用瓷，或用砂制，容量或二升。煮茶时，用于盛放开水，故成熟盂。

畚　是贮碗的器具。唐代用白蒲草卷编成，可以装十只碗。也可用筥装碗。竹篾里的纸衬用双层的剡纸缝成，呈长方形，也可以装十只碗。

札　一种刷子，选取棕榈皮，用茱萸包上并捆紧，或割下一段竹子，在竹管装上棕榈皮，把它扎紧，像一枝大笔的形状，用以刷洗器具。

■ 札

涤方　用楸木制作，形如木盆。盛装洗涤后的污水，称"涤方"，其制作方法与"水方"相同，容量为八升。

滓方　用楸木制作，形如木盆。盛装各种茶渣，就称"滓方"，其制作方法如"涤方"，容量为五升。

巾　用粗绸子做成，长二尺，做成两块，交替使用，用来清洁各种器具。今称"拭巾"。

具列　用木头或竹子制成床形或架形，也可做成柜子，漆成黑黄色，长三尺，宽二尺，高六寸，

■ 具列

有门可关。可以收纳和陈列各种茶具，故称"具列"。

都篮　实际上就是篮子，用竹篾编制，外边用两道宽篾作经线，一道窄细的篾作纬线，交替编压，编成方眼。高一尺五寸，底宽一尺，高二寸，长二尺四寸，宽二尺，可以装下所有茶具，故称都篮。

总计起来，《茶经·二之具》所列茶具16种，法门寺出土仅籯1种；《茶经·四之器》所列茶具24种，法门寺出土仅茶笼、茶碾、碾轴、罗合、盐台、火箸、则、勺、瓷碗等10种，却多出茶盏、茶托和茶杯。两者相结合，或许才是大唐宫廷使用的茶具。

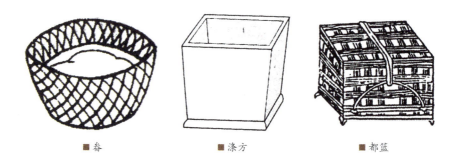

■ 畚　　　　　　■ 涤方　　　　　　■ 都篮

2. 《十六汤品》记载的茶具

晚唐时期，一位名为苏廙的茶人撰写了一部《仙芽传》的重要茶书，原书已佚，现存《十六汤品》为《仙芽传》卷九的内容，分别从煮水、冲泡、盛器、燃料四个方面，以十六品（项）指标对唐代茶事活动进行了扼要的总结和评述。

《十六汤品》是同时代茶人品评唐代茶事的重要著作。尤其是第七品至十一品，分别评述了金银茶具、石质茶具、瓷茶具、铜铁铅锡茶具和无釉陶土茶具五种不同质地的茶具的优劣，如：

第七品，富贵汤。以金银为汤器，惟富贵者具焉。所以策功建汤业，贫贱者有不能遂也。汤器之不可舍金银，犹琴之不可舍桐，墨之不可舍胶。

第八品，秀碧汤。石，凝结天地秀气而赋形者也，琢以为器，秀犹在焉。其汤不良，未之有也。

第九品，压一汤。贵厌金银，贱恶铜铁，则瓷瓶有足取焉。幽士逸夫，品色尤宜。岂不为瓶中之压一乎？然勿与夸珍炫豪臭公子道。

第十品，缠口汤。猥人俗辈，炼水之器，岂暇深择铜铁铅锡，取热而已矣。是汤也，腥苦且涩。饮之逾时，恶气缠口而不得去。

第十一品，减价汤。无油之瓦，渗水而有土气。虽御胯宸缄，且将败德销声。谚曰："茶瓶用瓦，如乘折脚骏登高。"好事者幸志之。

结合迄今已经发现的唐代茶具实例，唐人苏廙对上述五种不同质地的茶具的排列和品评，不仅从质地类别的角度全面反映了唐代社会业已存在的各类茶具的现实状况，更从品质功能的角度对其中金银茶具、石质茶具和瓷质茶具给与了积极和中肯的评价，而对铜铁铅锡和无釉陶土等用做盛茶具的行为和做法表达了强烈的不满。陆羽《茶经·四之器》中亦有类似看法"瓷与石皆雅器也"，"用银为之至洁"，并且在论及茶镀（釜）时，还举出当时山东"莱州以石为之"的例子，到了宋代，诗人苏轼在其《试院煎茶》诗中，有"且学公家作茗饮，砖炉石铫行相随"的句子，2009年在西安附近发掘的蓝田北宋吕氏家族墓中，出土数量最多的是茶器，其中就有石茶铫（唐代横柄石茶瓶的变体）、石茶壶（唐代石注瓶的变体）等石质茶器，可见始创于盛唐长安的石质茶器具所发生的流变和影响。

3. 其他地方出土的茶具

法门寺是出土唐代茶具最多的地方，但绝非唯一的地方。其他地区出土的唐代茶具也相当多，仅2006年由天津古籍出版社出版的《中国茶具与投资全书》就收录有108件。未被收录者尚多，如西安和平门外平康坊出土的7件银质鎏金仰莲形茶盏托盘，其中1件圈足内有錾文："大中十四年八月造成浑金涂茶托子一枚，金银共重拾两捌钱叁分"；江苏丹徒县丁卯桥遗址出土了1件双耳银锅，1件银茶托和1件银注壶；西安市东郊出土1件

提梁银锅，1件玻璃杯，1件双耳银锅；河南伊川唐齐国夫人（成德军节度
使王承宗之母）墓出土有穆宗长庆四年（824年）随葬实用金银茶具，包括
鎏金镂空银笼子、绶带纹银碗、提梁带盖银锅、长柄银茶铛、鹤首银支架等。
盛唐开元后期至天宝年间（731—755年）唐醴泉窑址出土的外黑内白瓷质
缁素茶器具残片数十片，计有钵、碗、杯、执壶（茶瓶）等器形，唐开元
二十九年（741年）临潼庆山寺塔基地宫曾出土过2件外黑内白的缁素瓷钵，
其形制与唐长安醴泉坊窑出土的缁素瓷钵几乎完全相同，西安东郊天宝三
年（744年）史思礼墓、西安东郊天宝十一年（752年）的贵族墓中都有与
醴泉窑址相同款式的缁素茶碗，这种碗在日本大阪市立美术馆也收藏有1件；
同时，西安开元二十一年（732年）唐代韦氏家族成员韦美美墓中还出土有
1件产自醴泉窑址的缁素茶铛，具有单柄、三足特征，西安何家村唐代金银
器窖藏曾出土1件素面短柄三足银茶铛；1999年5月，在唐长安城内醴泉
窑址中，与缁素瓷茶具同时出土有1件石质横柄茶瓶。在唐长安附近的唐墓
中，也屡有发现石质横柄茶瓶或石质茶釜，年代均为开元后期至天宝年间，
如西安东郊郭家滩天宝三年（744年）史思礼墓出有1件，陕西历史博物馆
也藏有5件，日本天理参考馆亦藏有1件，时代均为开元后期至天宝年间。
20世纪90年代前期，台湾自然科学博物馆收藏到一套12件组的唐代石质
茶具，包括茶碾、圆形台座温炉（或茶罗）、长方形案台、两组茶碗茶托、
注瓶、横柄茶瓶、碟、风炉、茶釜（镬）等，是迄今为止最完整的一组唐代
石制茶具。经姜捷先生研究判断：这套唐代石制茶具应是20世纪90年代
初西安附近唐墓所出，不久流入台湾。这套石质茶具中，特征明显的横柄
茶瓶和石茶釜（镬）均与长安地区开元天宝年间的同类器物完全一致。这是
盛唐时期的一组集大成的茶器具，包括有煎茶煮茶的茶釜、痷茶泡茶的横
柄茶瓶和点茶的注瓶等，因茶择器，可适应各种不同茗饮方式的品味需求，
或与茶社、茶铺的器具安排相关。唐三彩茶器具在河南巩义出土有1组，其

中有茶碾及碾轴、风炉及茶釜、茶瓶（注瓶）、茶盆及茶勺、茶案、茶碟（包括茶点）等，甚至还同时出土有陆羽煎茶像。前数项合计起来，至少175件。

175件茶具按用途，可分为煮茶器、盛茶器、饮茶器和盛水器四种类型。

（1）煮茶器 有陶瓷风炉、石质风炉，银质、石质和瓷质茶锅（釜、镬）等。

■台湾自然科学博物馆藏石质风炉及茶镬

锅，或称釜，唐代亦称镬，是烧水的器具，一般以生铁为之，也可用石、瓷、银为之。《茶经·四之器》："用银为之，至洁，但涉于侈丽。雅则雅矣，洁亦洁矣，若用之恒，而卒归于铁也。"银锅应该是贵族阶层煮茶用品，宫廷也以银锅煮茶。

风炉，是鼓风烧火的器具，是煮茶具之最重要者。《茶经·四之器》："其炉，或锻铁为之，或运泥为之。"据了解西安唐代宫女墓中曾出土有铜质风炉，尚未见实物发表。现有考古资料为石质和陶瓷制，其上坐有茶镬，宫廷风炉形制当无出其右。

（2）盛茶器 有茶罐、茶盆、茶壶（茶瓶）等。

茶罐，可举1件长沙窑"竹林七贤"瓷罐的例子。《茶经·七之事》引《广陵耆老传》："晋元帝时，有老姥每旦独提一器茗，往市鬻之。"可见，茶罐是盛茶汤的器具，用以运送茶汤。若随煮随饮，茶罐便用不着，仅用茶盆即可，用于分茶；若转运于异地，茶罐是不可缺少之物。宫廷茶宴，亦难免转送茶汤，所以茶罐也是宫廷茶具之一。

在大唐盛茶具中，除横柄执壶和瓷质茶盆、茶罐之外，瓷质茶壶（茶瓶）发现的最多，用于淹茶或泡茶，种类有白瓷、青瓷、黑瓷、绿瓷等，产地

■唐长沙窑瓷罐

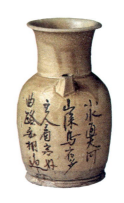

■唐长沙窑青釉褐彩诗句瓷壶

来源于定窑、邢窑、醴泉窑、巩县窑、越窑、长沙窑、耀州窑、鼎州窑等，釉色有白釉、青釉、黑釉、绿釉、蓝釉、黄釉、褐釉等，器形有提梁壶、穿带壶、执壶、盘口壶、双耳壶等，西安出土的唐文宗太和三年王明哲墓中的茶瓶，其底部墨书"老导家茶社瓶，七月一日买。壹"，反映了茶社的普遍。唐代茶瓶多为素面，长沙窑、越窑或有纹饰，如飞鸟展翅纹、飞雁纹、莲瓣纹等，其中一些器物上有人物画、山水画、花鸟画，甚至有一些刻有诗文，如青釉褐彩诗句瓷壶上有五言诗："小水通大河，山深鸟宿多。主人看客好，曲路亦相过。"一只题记壶上有"悬钓之鱼，悔不忍饥"格言。如此富有文化意蕴的器具，只能是文人雅士阶层的用品，其中一部分特别高雅者，也是宫廷茶具的一部分。

（3）饮茶器　有金碗、银碗、石碗、瓷碗、瓷茶盏茶托等。

碗是点茶饮茶的器具。一件青釉瓷茶碗上，有豁口3处，显然是长期点茶敲打所致，在所有碗中，金银器占有较大比重；瓷碗与瓷壶相类，都是名窑所产的高级瓷器；茶盏、茶托有金银器，更多的是高级瓷器和琉璃器。这些都非平民阶层用品，至少也是士大夫阶层用品，其中一部分进入宫廷也是可能的。

■唐鸳鸯莲瓣纹金碗

■唐折枝鎏金花带盖银碗

（4）盛水器　有石质的注瓶、瓷注瓶、水洗水滴等。

石质和瓷质注瓶和水洗水滴都是盛水器。《茶经·四之器》中的盛水器甚多，如水方、绿油囊、涤方、滓方皆是，以木制之。时代发展，人们以陶瓷品或琉璃品代木制，就有了注瓶、水洗之类。石质或瓷质注瓶既可煮汤点茶也可盛净水；水洗既可作涤方、滓方用，更可洗涤其他茶具碗、杯、箸等，是茶事不可或缺的器具，自然也是宫廷茶具不可缺之组成部分。

■唐耀州窑黑釉注瓶

■唐白瓷注瓶

四

大唐宫廷茶具的制作技术

文化的发生必有它的物质基础。首先是自然产生的物质，如石块之于雕刻，竹林之于乐器，野生态之于茶饮；推而广之，大自然之于科学艺术。其次，社会经济条件也是文化的物质基础，农业、工业等支柱产业决定着文化的发生和发展。

　　大唐宫廷茶具的制作原材料有金、银、铜、铁、竹、木、瓷土、生漆等，发达的手工业，包括金属冶铸、瓷器烧制、竹器编织以及漆木器制作，成为大唐宫廷茶具产生的可靠保证。

1. 木器制作

　　中国森林资源丰富，木器制作历史悠久，炎帝时已斫木为耜，揉木为耒。先秦时已有"攻木之工七"，即轮、舆、弓、庐、匠、车、梓。轮人制车轮，舆人制车身，弓人制弓箭，庐人制戈、戟、矛等长兵器，车人造车，匠人建设城郭、宫室、道路及开挖沟洫，梓人制造礼乐器。分工已经细密，技术亦当熟闲。发展到唐代，可以建造长安城和富丽堂皇的宫殿。

　　在大唐宫廷茶具中，涉及木制的有水方、涤方、滓方、具列、漉水囊、瓢共6类。水方、涤方、滓方，其实都是木盆。木盆由盆帮和盆底两部分组成。制作盆帮是关键。首先，选择楸木、椿木作材料，因为它们质地处于坚硬和疏软之间，便于加工而又结实耐用。其制作程序：其一，把木材解成木板，每根木板宽度不超过3寸，长度不限。其二，把每根木板掏成瓦形，这种瓦形板木俗称为桶板。其三，在每个桶板的侧部钻若干个木孔，俗称打眼，两个桶板的眼两两完全对应，然后以木钉使其相连。其四，若干桶板相连，就形成圆桶状。其五，对圆桶状的木板加最少三道铁箍，使之

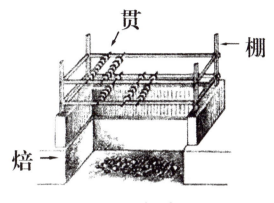

■ 焙、棚、贯

不变形。其六，对加固后的圆桶钉底，钉子是木头制作的。至此，一件木盆就做好了。除了铁箍之外，整个工序都是木制，遇水结构更紧密而不松散，更不会内部生锈而影响水质，水盆装净水为"水方"，盛脏水为"涤方"，盛诸滓为"滓方"。

木勺的制作，选择柳木。柳木属软木，易于刻挖，内瓢洁白显得干净卫生。做法是把柳木切成长方体，用凿子凿成勺的样子。

具列的制作，选材不限，希望容易制作选软杂木，如杨、柳，希望结实耐用的选硬木，如栎、柿、核桃等木。做法是把木材解成板，不同的板以卯相接，形成床的形状。

2. 竹器编织

中国南北方皆产竹，竹资源丰富，竹器编织历史悠久，西周时用竹编席，席铺于地，以招待客人，还用竹编织竹篮、竹簋盛物。此后，竹器编织技术长期流传。

茶是清香之物，竹有天然的竹香，竹便于茶结下难解之缘。能用青竹做茶具，就尽量用青竹做，而避免用金属做，因为金属有害茶的清香。

在大唐茶具中，涉及竹制的最多。在《茶经·二之具》中记载的有籯、甑、芘莉、朴、贯、穿、育共七种，在《茶经·四之器》中记载有筥、夹、罗合、竹夹、漉水囊、畚、具列、都篮共八种。它们中的一部分直接剖竹而成，如朴、竹夹，但更多的是由竹篾片编织而成。

篾刀是竹匠的主要工具。用篾刀将竹子一剖为四片，剔除了其中的节疤和簧。簧无韧性，不能用于编织。剔除簧后，所余部分叫"青"，也是

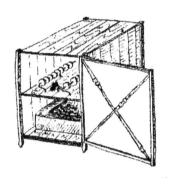 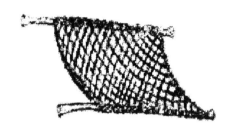

■ 芘莉、穿、㮚、育

竹子最外部的青皮，青皮的韧性强，是用于编织的直接材料。用篾刀按需要的宽度，将"青"划成条状，叫"青篾丝"。把青篾丝经纬交错，编织出筥、筐、笼、篮等物件，就成为茶具。用蕉苇之类的植物也可以编织茶具，因其质地柔软，放置碗、瓶之类易碎物最为合适。编织物可呈菱形、方形、十字形等图案，本身也是工艺艺术品。

无论是竹制还是木制茶具，都有遇水腐烂，或遭虫害而朽坏之缺点，予以髹漆便可克服其缺点。漆来自漆树皮下流淌的乳汁。漆树多长于山岗。春天，漆树发芽，割漆人要在山冈上勘察路线，此路线需将割取的对象漆树连成一线，然后在漆树适当部位楔入一个木桩。早秋，是漆树生长的茂盛时期，割漆人沿着勘定路线，在木桩上挂着小木桶，然后在木桩以上部位用刀划破树皮，破痕成"S"状，乳汁就会逐渐渗出流入小木桶。之后，

割漆人将这些小木桶中的乳汁收集起来，就得到了生漆。生漆成乳白色，加上各色染料，就成各种颜色。涂于木、竹制品可以防腐。其上还可绘画，成为工艺艺术品。

3. 陶瓷烧制

在新石器时代晚期的仰韶文化时期，农业成为人们生活资料的主要来源。为了取水和盛食物，制陶业有了较大的发展，陶罐、陶鬲、陶碗、陶瓶、陶鼎等陶器出现。烧制陶器的材料是黏土。后来人们发现含有高岭土的黏土，把它在1200℃的高温下烧制，产品比陶器更细密、更结实、更美观，瓷器生产从此开始。从商周至西汉，烧制的瓷器还较粗糙，称为原始瓷。东汉晚期，已有成熟青瓷的烧制，标志中国瓷器的诞生。

瓷器虽起源于陶器（唐人称之为土器），但二者在一些基本属性上存在较大差异，一是原料不同，陶器使用黏土制坯烧成，瓷器以瓷石和高岭土做坯；二是温度不同，陶器烧成温度为660～1200℃，瓷器烧成多在1200℃以上；三是坚硬度不同，陶器分为不完全凝结和完全凝结，吸水率大，气孔率高，强度低，敲击声音低沉，瓷器胎体基本烧结，吸水率小，气孔率低，敲击声响清脆；四是透明度不同，陶器不透明，瓷器胎体透明或半透明；五是釉料不同，陶器有不挂釉和挂釉两种，瓷器都要施釉。

瓷器是一种"点石成金""化泥为宝"的工艺，分十步：采集瓷石、瓷土；粉碎磨细瓷石、瓷土；对磨细石料淘洗、沉淀、除渣、踩炼；将釉果和釉灰按一定比例配合，制成石灰釉；手制或轮制瓷坯；在瓷坯上刻、划、印、画、雕以装饰；对装饰完毕的坯胎均匀上釉；把上釉后的器坯装入匣钵入窑烧制；在烧制好的器物上绘制纹饰；入低温彩炉最终烧成。

匣钵，以耐火黏土制作，呈匣状，专用于放置器坯。每一匣钵只放1件，器坯放入匣钵内入窑，避免了烟火与坯件直接接触和窑顶落沙等侵扰，坯件受热均匀，釉面洁净，提高了产品质量。

魏晋六朝时，南方烧制青瓷，北方烧制白瓷，唐代还出现外黑内白缁素瓷、绞胎瓷，花釉瓷和釉下彩瓷等新品种。北方的邢窑、定窑、醴泉窑、巩县窑、鼎州窑、耀州窑，南方的越窑、瓯窑、均山窑都成为名窑。

在法门寺唐地宫出土有14件秘色瓷，属于大唐宫廷茶具的有2件鎏漆平脱黄釉秘色瓷碗和5件青釉秘色瓷碗，是专为皇帝制作的官窑饮茶器具。

法门寺秘色瓷茶器具，仅就釉色言之，分两类，一类青釉，一类黄釉。二者判然有别，均为唐懿宗恩赐之宫廷御用极品，也是中国最早的官窑产品，被学界公认为大唐秘色瓷之圭臬。青釉秘色瓷，清新雅致，比之以唐代域内诸窑址所产一般青瓷，于造型、制作工艺、胎釉及装饰特征诸多方面，均存明显不同。2件银棱鎏漆平脱黄釉秘色瓷碗更是富丽堂皇，其碗内壁之黄釉恰与外壁平脱金色雀鸟形成内外呼应，尽显雍容和谐。如此瓷艺、漆艺、金银细工混搭，可谓前所未有，巧夺天工，金银宝光与幽雅漆光交相辉映，至为华丽，为大唐制瓷技艺与金银细工、鎏漆技艺完美结合之罕见艺术珍品，堪称皇家秘器。

梳理唐代文献，"秘"字所指器物，皆与皇帝或宫廷相关，且"秘""珍""奇"三字涵义相通，于器物名称前，往往用"秘"字，如"秘籍""秘玩""东园秘器"等。至于"色"字，唐代作"等级""品级"之分类用法，如"上色沉香""上色金""上色甚好纸""中色白米""头色瓶"等。由此，"秘色瓷"于唐人语义之中，意指"珍稀极品之瓷器"，与釉色、产地无涉。

最早提出秘色瓷概念的人，是唐僖宗时文学家陆龟蒙，他在《秘色越器》诗中说："九秋风露越窑开，夺得千峰翠色来，好向中宵盛沉瀣，共嵇中散斗遗怀"。明确说越窑曾经烧制青釉秘色瓷。

越窑所在的浙江慈溪上林湖地区，蕴藏着极为丰富的原生高岭土和瓷石矿藏，是高岭土、长石、石英的混合矿物，含铝量14%～24%，含铁量

0.5% ～ 3%，含硅量65% ～ 80%，是烧制瓷器的理想原料，上林湖座落于栲栳山下，松林茂密，松林燃烧时灰分熔点高，火焰长，燃烧速度快，升温降温易于操纵，是制作青瓷的理想燃料。越窑历史悠久，集中了大批能工巧匠。这些都为烧制秘色瓷创造了得天独厚的条件。

烧制秘色瓷的原料是精心挑选而来的。然后把原料用水碓反复粉碎、筛选，以提高颗粒细度。再用水淘洗，也就是入缸水澄。"其上浮者为细料，倾跌过一缸，其下沉底者为粗料。细料缸中再取上浮者为细料，倾过为最细料，沉底者为中料，即澄之后，以砖砌方长塘、逼靠火窑，以借火力，倾所澄之泥于中，吸干，然后重用清水调和造坯"。经过上述粉碎、淘洗、练泥等过程，排除了有机杂质或其他颗粒状杂质，保证了原料的细腻、纯净，提高了可塑性。

越窑的形式是"龙窑"。龙窑呈长方形，依山坡倾斜而建，与地平线成 10° ～ 20°，长度 30 ～ 50 米不等，宽度 1.7 ～ 5 米不等，因形状如龙而

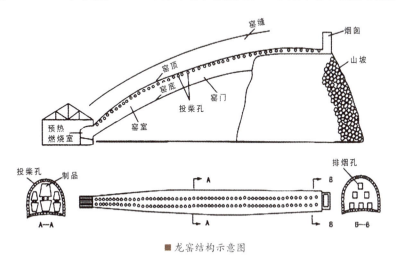

■ 龙窑结构示意图

得名。龙窑结构简单，无窑底和尺度严格的拱砖，也不要烟囱，在窑的两侧开有若干投柴孔和窑口，热效率高，燃料消耗少，生产周期短，产量大，

烧成时炉内高温可达1240℃，胎体瓷化程度较好，强度增加，孔隙度及吸水率低。

青瓷的烧制过程，主要分氧化、还原、冷却三个阶段，在逐渐提高烧成温度的同时，控制还原火焰和适时适度的冷却，是青瓷烧制的关键技术。越窑匠师们积累了丰富的烧成经验和技能，对烧成温度与还原火焰操纵控制适时适度，使胎、釉中的主要金色呈色剂——氧化铁（Fe_2O_3），在还原氧化气氛中，分解还原为氧化亚铁（FeO），使釉呈现千峰翠色般的青绿色。法门寺出土的唐皇室秘色瓷，釉面肥厚温润，光影下如盛一汪清水，远非一般越窑的薄釉青瓷产品可以相比，应是专为皇家创制研发的特殊工艺产生的极品。

此外，法门寺唐塔地宫出土的鎏漆黄釉秘色瓷，从考古发现角度看，尚罕有能够与之类比的器物，其产地仍然是个未解之谜。

4. 金属器冶铸

在陆羽《茶经》中，许多茶具是铜、铁金属制作的，如风炉、炭樜、火筴、鍑、则等，碾、碾轴、罗合也可用铜、铁制作。在法门寺出土茶具中，铜、铁茶具全然不见，代之以银鎏金，这是由于宫廷豪华的缘故。

在人类物质文化发展史上，人类最初使用的是石器，即采集天然的石头，采用物理的方法进行加工制造成为各种工具，进行生产劳动。在长期采集石头和制造石器的实践中，人们发现了天然金、天然银、天然铜和天然铁，采用捶击的方法，制成最早的金属器。这一时期，被称作石器时代。

石器时代晚期，人们开始烧制陶器，其主要工序是制范、制坯、入窑烧制，冷却，加工打磨。制陶要修筑陶窑，制模，并在950～1050℃的高温中烧制，成为以后金属冶炼术的基础。

在烧制陶器的过程中，孔雀石偶然掉入炉火之中，当温度达到1083℃以上以及存在木炭等还原剂的情况之下，就还原出红铜。这种情况反复出现，人们终于了解和学会了用孔雀石和木炭来冶炼红铜。在冶炼红铜时，铜矿石中混入了锡石，结果就冶炼出青铜。由于经验的积累，人们逐渐掌握了铜锡合炼青铜的办法，进入青铜时代。

青铜器制造的工序是：选矿、粉碎矿石，冶炼青铜。制模、制坯、用坩锅将青铜融炼成液，将铜液注入范内，打破外范即成粗器，整修成器。

中国的青铜时代始于父系氏族时期，经夏代，至商周发展到鼎盛时期，可以铸造铲、镢等农具，戈、矛、弓、镞等武器，车马零部件和佩饰，以及鼎、簋、尊、爵、盘、钟等礼乐器。

人类冶炼铜早于铁，原因在于铜的熔点低，只有1083℃，金的熔点为1064.43℃，银的熔点更低至961.93℃，因此与冶炼铜同时存在，人类也冶炼金和银。考古发现商代的金臂钏、金耳环，战国的金饼和金箔，而银币在西周时已出现，以后则成为通用货币。

春秋时，中国开始炼铁。战国时，铁制的农具和兵器已经普遍使用，人类进入铁器时代。铁的熔点高，硬度大，也可以制造茶具中的风炉、罐等。

冶炼术反过来促进了金、银冶炼技术。西汉时，人们已能制造很薄的金箔和金丝，西汉中山靖王刘胜及其窦绾墓中各出土一件金缕玉衣，其长度分别为1.88米及1.72米，各用金丝重量为1100克及700克。金丝直径为0.14毫米。能制作金箔和金丝，也必能制作银箔和银丝。

法门寺出土的唐代银器茶具共9件，体现出唐代金银器的成型方法和装饰方法。

成型方法一是模冲成型，是从陶器制模和青铜器制模发展而来的基本成形技术，分单范、双合范和多合范等方法。具体方法是：首先用黄黏土塑制成一件与欲铸造的器具一样的模型，阴凉烘干，成为陶模。第二步是用陶土加细沙等和成泥片包压在陶模之上，然后用刀子划开制成几块外范，各块外范之间有榫卯相整合。第三步用泥依陶模形状，减去容器的壁厚，制成内范。第四步是将入窑烘热成为陶质的内范和外范组装在一起。外面用泥及绳索包裹固定后，浇铸金属溶液。待金属液凝固后，打碎外范，取出内范，取出金属器，并加以打磨修整，一件金银器部件就铸成了。鎏金鸿雁纹银茶槽子的碾槽部件就是模冲成型的。

成型方法之二是编织成型，金银的熔点不高，都具有瑰丽悦目的外观，且都具有极高的塑性，易于进行塑性变形。匠人们利用金、银的延展性，将金、银融炼之后，在其退水之时，不待其完全冷却，即将其延展为箔或抽拉成丝，然后用丝编织成各种器具，犹如草编与竹编。金银丝结条笼子就是这样成型的。

成型方法之三是捶揲成型，这仍然是利用金、银的可塑性和延展性，在冲模成型的基础上，进行锻打，变成所需要的形状。鎏金鸿雁纹银茶槽子和鎏金团花银碢轴就都是在冲模成型的基础上经过捶揲成型的。

银器茶具的装饰方法亦有二：鎏金和錾刻。

鎏金，就是把金和汞的合剂涂在银器的表面上，经过烘烤，汞蒸发后，金就留在银器的表面了。鎏金工艺流程是：胎子处理，即把冲模成型的银器去污磨平；加工金泥，即一两黄金配七两水银，加温至400℃，制成银白色膏状金汞合剂；涂金，即把金泥涂在银器的表面所需部位；烤黄，即把涂金泥的部位加温至300～500℃，让汞蒸发；刷洗，即刷掉汞蒸发后在银器上的残留渍；压光，即对涂金泥的部位磨平，使之发出金黄色的光芒。鎏金鸿雁纹银茶碾子上的鸿雁，鎏金团花银碢轴上的团花和流云纹，鎏金飞天仙鹤纹银茶罗子上的飞天仙鹤等，都采用了鎏金技术。

錾刻，即在银器表面刻画文字或图画、花纹。银的硬度不大，用铁刀即可錾刻，鎏金鸿雁纹银茶槽子座底、辖板，鎏金团花银碢轴轴面，鎏金飞天仙鹤纹银茶罗子座底都有錾刻的文字。

大唐宫廷茶具还广泛运用了焊接技术。焊接就是把两个以上的部件对焊在一起。例如鎏金摩羯鱼银盐台分为盖、盘、支架三部分，盘和支架部分焊接在一起，才构成完整的银台。焊接要用银焊条，放入火中加热，然后嵌入焊接部位，使各部分都融化，黏合为一体。用放大镜观察，其工艺质量很高，焊点小，焊缝平整，历经一千余年仍很牢固。

五

大唐宫廷茶具的
审美意蕴

大唐宫廷茶具（包括法门寺出土茶具，其他地方出土茶具，《茶经》载录的茶具），以金、银、秘色瓷和琉璃为质地，以金黄、银白、翠绿为主色，饰以莲瓣纹、流云纹、波浪纹、蜗纹、草叶纹、火焰纹，绘鸿雁、凤凰、鹦鹉、鱼、莲、仙鹤、飞龙等吉祥动植物画和神话、传说等人物故事画，具有质地美、色彩美、造型美、纹饰美、意境美等诸多审美意蕴，是我国古代文物中的奇葩瑰宝。

1. 取材高贵

金、银是贵金属，秘色瓷是瓷器最高品位，琉璃是阿拉伯文化中的珍品。

金是天然的贵金属，一是由于在地球中元素丰度很低，只有铁的1/10 000 000，银的1/21；二是由于它和其他矿混生，从开采到冶炼过程艰难，耗力巨大，刘禹锡"千淘万漉虽辛苦，吹尽狂沙始到金"，乃是客观的反映。所以金是难得之物，在19世纪之前数千年的历史中，人类总共生产的黄金只有1万吨。19世纪至今，生产技术大大提高，100年期间也不过生产了12.5万吨，人均只有20克。正因为如此，金的价格长期稳定，可以作为纸币值的保证，所以世界各国都经历过"金本位"阶段，至今一些国家也仍然发行金本位。

中国古代所使用的金，多来自于天然金，或者富金矿、富金沙，其来源不多。然而金的使用价值却很大，一是作为货币使用，而且是最昂贵的货币，拥有一定量的黄金，就表示拥有财富。二是用作装饰品，而且是最高贵的装饰品，拥有此类装饰品，就表示身份高贵。"富与贵，人之所欲也"。黄金既表示富，又表示贵，就成为人们追求的目标。

黄金之所以能用作装饰品，因为它具有美观的金黄色光泽，化学稳定性很好，它与氧不发生反应，也不受氧化，与酸和碱也不发生反应。金在加热时也不变色，具有良好的抗氧化性。金具有极其优良的延展性能，在冷加工过程中，可以不用中间退火连续加工。金的提炼虽然困难，但一旦提炼出来，再加工却相对容易。现代技术可生产出 0.000 01 毫米厚的金箔或只有 0.5 毫克 / 米的细丝。古代技术虽难达此，却也能生产金箔或金丝，商代生产的金箔厚度 0.01 毫米，汉代刘胜夫妇的金缕玉衣，所用金丝直径为 0.14 毫米，明代金箔厚度仅 0.153 微米，比蝉翼还薄。

黄金贵重，所以古人用它只做小型装饰品，如耳环、项链等，如大型装饰品，则用铜、银制作，而用金装饰表面，或贴金（用涂料把金箔粘到器物表面）、或鎏金、或错金，起装饰、美化、防蚀作用。

银也是天然的贵金属，一是由于在地球中元素丰度不高，虽是金的21倍，却仅是铁的1/500 000；二是由于它和其他矿物相混成，形成伴生银，开采冶炼比金容易，却也十分费力。古代主要利用自然银和富银矿，产量不高。唐代年开采 10 余万两，宋代年开采 20 余万两，元代年开采 100 余万两。所以它是贵金属，价格稳定，又因在一般温度和湿度中不氧化，延展性强，易于分割，在古代遂长期作流行货币使用。拥有它，也成为富贵的象征。

在中国古代，银除了作货币使用外，也用做装饰品。银装饰品是富贵的象征。但银在臭氧存在时却易被氧化，也易被硫蒸气或硫化氢腐蚀，生成硫化银，颜色变黑。所以古代银装饰品往往在表面鎏金，以装饰、美化和防蚀。我们看到的大唐宫廷银茶具都是这样的。

被誉为"瓷器王国"的中国制瓷业源远流长，其高超的工艺水平，屹立于世界的前列，德克·海德指出："还从没有过什么工艺可以和中国陶瓷工艺中的艺术品相媲美。"美国学者卜德称誉道："自古以来，几乎所有的人类都会用黏土烧制陶器碗、盘、碟等物品，但是，瓷器却被公认为中国人独具智慧的产品而受到赞誉。"唐代是中国制瓷业的鼎盛期，邢窑烧制的白瓷如银如雪，已有很高的水平，大唐宫廷茶具中的白瓷碗就是邢窑产品。越窑青瓷具有更高水平，所以陆羽说："若邢瓷类银，则越瓷类玉，邢不如越一也；若邢瓷类雪，则越瓷类冰，邢不如越二也；邢瓷白而茶色丹，越瓷青而茶色绿，邢不如越三也"。大唐宫廷茶具中的青釉秘色瓷被认为属越窑青瓷产品，是越窑中最高水平的极品。

大唐宫廷茶具中的茶盏和茶托是琉璃器。琉璃器本是罗马文化的高水平产品，流行用贴玻璃丝和玻璃花热加工装饰工艺。伊斯兰文化继承了这种工艺，形成自己特有的琉璃品。法门寺出土的20件琉璃瓶、盘、杯，大多是伊斯兰文化的精品，其原料成分皆属西方钠钙玻璃系统，与国产铅钡玻璃系统存在较大差异，但茶碗和茶托是典型的中国唐代样式琉璃茶具，反映了在开放的丝绸之路背景下，文明交流互鉴的成就。

2. 色彩玄秘

唐人在宏观上按材质区分茶具等级的同时，对于同一类或同一种茶器的等级划分，又改用以色调为标准。如对茶碗分等级，不是以瓷器的质地而是以瓷器的釉色为标准，看它是否能和茶汤的呈色协调出最大的美感。由于唐代南方和北方现实存在的窑口产品釉色差异，尚未就茶汤的呈色形成统一的审美标准，于是，南青北白，邢越争风，类雪类冰，茶红茶绿，乃至宫廷秘色的议论，往往占据了茶事相关写作的显眼位置，真实地反映了唐人将饮茶作为美感体验的艺术，追求茶、器一体的审美情趣和诉求。循着唐人这种对汤色审美的不同而相应取舍器色的审美路径，在时代变迁中，宋人的"宜黑盏"和明代茶器"纯白为佳"的变化也就不难理解了。

在学者眼中，佛教是深邃的哲学，但在民众心中，却是玄秘宗教。法门寺出土的大唐宫廷茶具中的部分金银茶具来自宫廷文思院专造，瓷器来自越窑或其他窑口的进贡。文思院在制作金银茶具时，是充分地考虑到要供奉给佛这一用途的，因而彰显佛的神秘，以银白色作底，施以鎏金术，使其呈现金黄色的主体格调。

白色给人以明净高洁之感，首先象征着心地纯洁美好。中国民众喜爱白莲花、白菊花、白玉兰花，读书人喜爱着白衣大褂，武将喜骑白马，诗人歌颂白色："北风卷地白草折，胡天八月即飞雪，忽如一夜春风来，千树万树梨花开。"白色也象征着宁静、和平、光明，"我有迷魂招不得，雄鸡一唱天下白"。寺庙中的塔，有全呈白色，叫做"白塔"。相传首部佛经由白马驮至洛阳，因此中国第一座寺庙就叫"白马寺"。大唐宫廷金银茶具以银白色为底色，正是象征了佛教的圣洁和中国民众对佛的虔诚。

黄色给人以高雅幽秘之感，象征高尚和神秘以及欢乐与创造力。中华民族生息在黄土地上，黄皮肤，黄色的稻、麦、菽、黍，对黄色有特殊的情感，以"黄帝"为祖先，以黄河为母亲河，还特别喜爱黄色的菊花。咏物诗中，咏菊之诗最多，李白《感遇》："可叹东篱菊，茎疏叶且微。虽言异兰蕙，亦自有芳菲。未泛盈樽酒，徒沾清露辉。当荣君不采，飘落欲何依。"黄巢《咏菊》："待到秋来九月八，我花开后百花杀。冲天香阵透长安，满城尽带黄金甲。"吴履垒《菊花》："粲粲黄金裙，亭亭白玉肤，极知时好异，似与岁寒俱，堕地良不忍，抱枝宁自枯。"诗人对黄菊的钟情，乃在于菊的独有品质：香铺满地，傲视风寒，犹死抱枝而不散，恰似士人"富贵不能淫，威武不能屈，贫贱不能移"的品质。大唐宫廷金银茶具皆在银白色的底色上施之鎏金术，形成金黄色的主格调。鎏金银笼子、银碾子、银碢轴、银茶罗子、银盐台、银则、银勺等都是呈现金黄色，与其他物件如舍利宝函、佛像、香具等的金黄色相一致而融为一体。

法门寺出土之青釉秘色瓷器茶具，翠绿色是其主格调。它不是文思院的刻意创制，也不是越窑的刻意创制，而是越窑青瓷的最高成果，作为贡品献给宫廷的。形成翠绿色的原因，是在还原焰状态下烧制，氧不足，胎釉中氧化铁的氧被夺去一部分，便处于氧化亚铁（FeO）的状态，一般呈现青色，只有极为个别的能够呈现翠绿色，这种翠绿色的瓷器成品率很低，十不得一乃至百不得一，釉层滋润，不透明，象征生命与活力，与茶的绿色相得益彰，增加了美感，因此极为珍贵。

3. 纹饰多样

在器物上刻画纹饰，起源于原始先民制作陶器，先民们往往在陶器表面刻画线纹、斜纹、网纹。商周时制造的青铜器上，已出现兽面纹、龙纹、凤鸟纹、动物纹、火纹、目纹、兽体变形纹、几何变形纹、半人半兽纹、人物画像纹十大类纹饰式样，不仅体现出追求艺术的取向，也蕴涵着深刻的寓意。例如，兽面纹象征王权至高无上，龙凤纹象征风调雨顺，虎纹象征驱御凶魅，蝉纹象征死而转生，蛇纹象征情爱绵长。

大唐宫廷金银茶具上出现了8类纹饰：莲瓣纹、流云纹、涡纹、火焰纹、弦纹、菱形纹、蔓草纹、团花纹。

莲瓣纹 是古代器物最为流行的花纹装饰，以一个莲花瓣为单元，以若干莲花瓣相联结组成图案。起源于原始陶器上的刻画，后广泛用于瓷器装饰。始于春秋，盛于南北朝至唐宋。春秋战国多用立体莲瓣作壶盖上的装饰。魏晋至隋代，莲瓣纹常用堆塑手法装饰在器物腹部，有的分几层装饰在器物的颈、腹、足各个部位，使器物显得繁缛华丽。也有用刻画和模印手法制作的。唐宋时，刻画、模印和錾刻是莲瓣纹装饰的主要手法。有的器身刻有多层莲瓣纹，刀法犀利，匀净利落。元代以后，莲瓣纹不再作为器物的主体纹饰，多作为口沿、肩颈、腹部和底足的辅助花纹出现，装饰技法改为绘画。莲花最为佛教崇尚，称作"佛花"，因而佛教器物也广

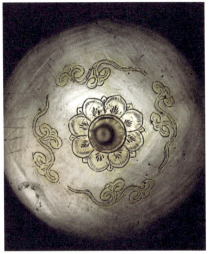

■ 莲瓣纹   ■ 流云纹

■ 涡纹

泛以莲瓣纹装饰。大唐宫廷茶具中的鎏金飞天仙鹤纹银茶罗子的盖刹两侧和罗架四周均饰莲瓣纹，寓吉祥、圣洁意蕴。

　　流云纹　亦称云纹，以状如天空中的流云得名，起源于原始陶器上的刻画图案，盛行于汉代陶瓷的表面装饰，一般由若干云朵和连接曲线构成。

云朵是云头，曲线末端为云尾。四周往往盘龙踞虎，取意《易·乾卦》第五爻"飞龙在天"，象征高升和如意。大唐宫廷茶具中的茶槽子的壶门之间錾以流云纹配飞马，马即龙，仍取"飞龙在天"之意；在鎏金团花银碢轴上，碢轴两侧也錾刻有流云纹。

涡纹 状如水流之漩涡，故名涡纹，又称漩涡纹。在圆形微凸的曲面上，沿出饰有数条旋转状的弧线，其中心为一或大或小的圆圈，圆圈逐内至外不断放大，可至数圈。寓意水玄妙而产生万物，是水崇拜的表现。但也可以看做是火燃烧的示意图案，或者看做太阳光照的图案，故亦可称火纹，是火崇拜和太阳崇拜的表现。大唐宫廷茶具中的金银丝结条笼子的四足，每足下皆有四支银丝编的涡状物，可以看做是涡纹的具象。另外，笼盖有两条，笼体上亦有两条涡状编织带缠绕，提梁也是一个涡状编织链。

火焰纹 由两个反回文线条顶端相接所构成的形状。它来源于佛教，古代佛像背光多饰火焰纹。北魏石窟中的佛像背光，都饰有火焰纹。随着

■ 火焰纹

时间的推移，火焰纹与佛像分离，成为单独的装饰图案，被赋予神圣、威严的含义，寓意辟邪、驱魔、神圣不可侵犯。大唐宫廷茶具中的鎏金摩羯鱼三足架银盐台架中部有三颗莲蓬宝珠，宝珠周围绕以火焰纹。

蔓草纹 由蔓生的花草构成活泼饱满的纹饰，带有轻盈欢乐的色彩。由于它连绵不断的造型特点，人们赋予它连绵不绝的吉祥内涵。此外，蔓为带状谐音"万代"，也寓吉祥长久意蕴。大唐宫廷茶具中的鎏金卷草纹长柄银勺子的柄面錾饰有三段蔓草纹。

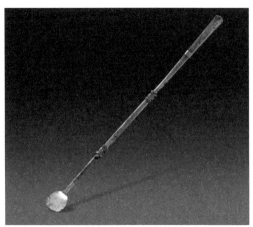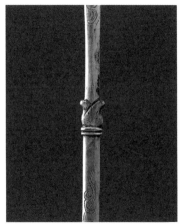

■ 蔓草纹

弦纹和菱形纹 都起源于古代陶器及青铜器纹饰，刻画出的单一的或若干道平行的线条图案，称弦纹；刻画出两条或多条交叉而成菱形的线条图案，称菱形纹。后来装饰金银器和瓷器广泛使用，以增加美感。大唐宫廷茶具中的鎏金飞鸿纹银则的匙柄部均以弦纹和菱形纹为栏界。

团花纹 唐代中期在宝相花的基础上，逐渐形成了一种新的植物纹饰——团花纹。团花纹泛指外轮廓大体为圆形的花朵纹，团花纹与宝相花纹最大的差别在于写实性方面。宝相花是具有很强写实性的纹饰，花朵的特征非常明显，一眼就能判断出属于哪种植物；而团花纹是"图案化"的宝

■ 弦纹和菱形纹

相花纹，并不能确切地指出它所代表的植物属性。作为金银器上的装饰纹饰始盛于唐代，并一直沿用至今。大唐宫廷茶具中的金银丝结条笼子盖面上就饰有四朵金丝团花；鎏金摩羯鱼三足架银盐台盖面中央也饰有团花一朵；在鎏金团花银碢轴上，以两侧轴孔为中心，各饰有团花一朵。

■ 团花纹

4. 绘物吉祥

中国古人有着浓厚的祥瑞观念，把龙、凤、麒麟、白虎、甘露都看作吉祥物，认为帝王初兴，明君出现，盛世降临，天必显示出一种象征吉祥的特异自然现象，如黄龙出现、凤凰乃翔、麒麟至臻、白虎放仁、甘露醴泉等。把特异现象和明君盛世相联系，确属迷信观念，但祥瑞观念源远流长，特异现象也确给人以美好的希望。所以，人们总是在器物上绘刻吉祥动植物画，企盼风调雨顺，国泰民安。

大唐宫廷茶具出现的吉祥物有龙、鹤、鱼、雁、莲等。

龙 远古存在过的恐龙早已灭绝。后世传说中的龙只是理想中的吉祥动物，其形象形形色色，但共同特点是躯体长，眼睛突出，嘴边有长须，四只爪子，鳞片大，腥味浓裂，叫声如牛。其中一种龙的形象特点是九似：角似鹿、头似牛、嘴似驴、眼似虾、耳似象、鳞似鱼、须似人、腹似蛇、足似凤。实际上，这种九似龙是中华远古先民各种图腾的集合。正因为如此，龙成为中华民族的共同崇拜物，成为中华文化的象征。

龙的形象作为装饰物广泛出现在商周青铜器上，分爬行龙纹、卷龙纹和交龙纹三类。其有两种含义。其一认为龙是水神，是水中的灵物，《左传·昭公二十九年》曰："龙，水物也。"龙可以驾驭水，使用水，治理水。其二认为龙是天象的象征，代表二十八宿中的东方七宿。龙可以潜入水底，也可以在天空飞行。《周易·乾卦》六爻全以龙作喻："初九：潜龙勿用；九二：见龙在田；九三：朝乾夕惕；九四：或跃在渊；九五：飞龙在天；上九：亢龙有悔"。所以，以龙为装饰，反映人们希望风调雨顺并发扬自强不息的精神。

大唐宫廷茶具中的金银丝结条笼子的四足膝部为带髯龙头，体现着希望风调雨顺和弘扬自强不息精神。

■带髯龙头

雁、鹤　雁（燕）、鹤在古代也是吉祥物，但都是从凤凰作为吉祥物而演化来的。凤凰是古代传说中的百鸟之王，雄的叫凤，雌的叫凰，通称为"凤"或"凤凰"。《尔雅·释鸟》说："鹦凤其雌凰"，郭璞注，"鸡头、蛇须、燕颌、龟背、鱼尾、五彩色，高六尺许。"实际上，凤和龙一样，是中华远古先民各种图腾的集合，也成为中华民族的共同崇拜物，成为中华文化的象征。中华民族以凤凰为吉祥物，也就产生了周文王受命凤鸣岐山、萧史弄玉骑龙乘凤等美丽传说。

以凤凰的形象做装饰，广泛出现在商周青铜器上，人们把这种纹饰称为"凤鸟纹"，分为多齿冠凤纹、长冠凤纹、花冠凤纹等，皆取吉祥之义，也反映出对"风调雨顺"的期盼。还有宣扬"得天命"的意义。

然而，现实中凤凰根本不存在，人们可能把开屏的孔雀、斑斓的锦鸡、飞翔的大雁与鹤也看作凤凰来崇拜，把它们也看作吉祥鸟。

西周人贵禽，把吉祥动物作为表示诚意的礼物和信物，《周礼·春官·大宗伯》："孤执皮帛，卿执羔，大夫执雁，士执雉，庶人执鹜，工商执鸡。"这些吉祥动物既表示个人身份，也表示气节。士与士初次见面，以雉为信物。雉是斑斓的锦鸡，因为它不为食所引诱，不为威所折服，宁死而不被畜养，象征着士行威、守节、死义的品格。大夫比士高级，则以雁为信物，婚礼中纳采、问名、纳吉、纳征、请朝都必须带雁去女方家表示信义，一取雁随时而南北，却不失节，彰显女子的贞节；二取雁是随阳之鸟，象征妻从夫；三取雁飞成行，至成列，彰明嫁娶成礼，夫妇和睦，恩爱久长。

由雁而推及至燕，冬南夏北，永守信义，同时又象征志向远大，志在千里，发于南海而飞于北海，"非梧桐不止，非练实不食，非醴泉不饮"，抱负宏大而志趣高远。由燕推及仙鹤，那是隐士与仙人的坐骑，是脱尘超俗的象征。还有鸳鸯、鹦鹉等飞鸟，因是爱情的象征，也是吉祥物。

鸿雁纹　中晚唐时期出现的一种金银器装饰纹样，往往与流云纹组合，唐以后各种鸿雁纹样的构意和组合形式基本都源于唐代的金银器纹样。在中国传统文化中，鸿雁是一种吉祥鸟，《礼记·月令》说：季秋之月，鸿雁来宾；季冬之月，雁北向。因其是候鸟，古代多用雁作婚礼，取其候时而行之意。大唐宫廷茶具中的鎏金鸿雁纹银茶槽子的碾槽身两侧各饰一只鸿雁及流云纹；鎏金飞天仙鹤纹银茶罗子共錾仙子骑鹤纹4幅。

■ 仙子骑鹤图

　　鱼　本来就是中国民众心目中的吉祥动物，一因其在水中游动，给人以自由、欢乐之感；二因鱼和"馀"谐音，是富足的象征，年画常以鱼为题材，即取"馀"义。庄子《逍遥游》："北冥有鱼，其名为鲲。鲲之大，不知其几千里也；化而为鸟，其名为鹏。鹏之背，不知其几千里也；怒而飞，其翼若垂天之云。"更把鱼神化了。无独有偶，佛教里也有一种神化了的鱼，叫摩羯鱼，龙首鱼身，主管江河，无所不能。摩羯纹，又称为鱼龙变幻纹。大藏经《一切经音义》卷四十云："摩羯者，梵语也。海中大鱼，吞噬一切。"有吉祥和平步青云之寓意。摩羯纹出现于南北朝时期。进入隋唐以后，摩羯融入龙首的特征。唐宋器物上的摩羯纹有作主题纹饰出现，也有作辅助纹饰，与水波、莲荷、荷叶等组成带状纹，衬托其他主题纹饰。大唐宫廷茶具中的鎏金摩羯鱼三足架银盐台盖面上就饰有摩羯纹四尾，支架枝端还有2个摩羯铸件。

　　莲　中国民众素爱莲，其根称藕，其叶称莲叶，其花称莲花、芙蓉、菡萏，其实称莲蓬、莲籽，都是文人歌咏之对象。两汉乐府《江南》："江南可采莲，莲叶何田田，鱼戏莲叶间。"古诗十九首《涉江采芙蓉》，"涉江采芙蓉，兰泽多芳草；采之欲遗谁？所思在远道"，是女子美丽、纯洁的象征。白居易《长恨歌》，"芙蓉如面柳如眉"，并蒂莲是爱情的象征。作为花中君子，莲象征理想人格，"出淤泥而不染，濯清涟而不妖"，"身处污泥未染泥，白茎埋地没人知，生机红绿清澄里，不待风来香满池"。

莲花也是佛教的主要象征。据说佛祖出世后立刻下地，走了七步，步步生莲。佛家四大吉花优昙华、曼陀罗花、莲花、山玉兰，莲花为其一。佛家八宝法轮、法螺、法伞、白盖、莲花、宝罐、双鱼、盘肠，莲花亦其一。莲花代表着圣洁，佛教把佛国称为"莲界"，把袈裟称为"莲服"，把行法手印称为"莲蕖华合掌"，甚至把佛祖释迦牟尼称为"莲花王子"，把佛座称莲座、莲台，把佛寺称莲宇，把僧舍称莲房。

中国和印度人民爱莲的共识使大唐宫廷茶具上多处以莲为装饰。鎏金摩羯鱼三足架银盐台盖钮为一颗莲蓬宝珠，盖呈莲叶状。鎏金卷草纹长柄银勺的柄上以莲蕾分界。

■莲蕾、莲叶、莲蓬宝珠

5. 结构奇美

诗歌是人类语言的美化形式，仅靠意味深长的抒情吟出单个佳句是不够的，还必须使用一定的逻辑手法使佳句连缀成篇，这就是结构。造型物件与诗歌一样，仅有瑰丽灿然的部件是不够的，还必须使用一定的造型手法使各部件浑然一体，呈现整体之美，这种造型手法也叫结构。

大唐宫廷茶具之结构特点是左右对称均匀，上下阶段分明，仿生形象逼真。

鎏金飞天仙鹤纹银茶罗子为一长方体盒子，流云纹为其对称中线，左右飞天仙鹤两两相对。

大唐宫廷茶具的上下结构都是三段式结构。鎏金飞天仙鹤纹银茶罗子上下分为罗盖、罗体、罗架三段；鎏金摩羯鱼三足架盐台上下分为台盖、台盘、三足架三段，也是上下三段式结构。

关于大唐宫廷茶文化的

诗书与绘画

文学与艺术以现实为源泉，一定程度反映现实。自中唐开始，朝廷实施的"茶政"成为国之大事，引起全社会的高度重视，茶事活动开始大规模进入文人墨客的笔端，如此推波助澜，茶亦真正成为了"国饮"。其间，陆羽《茶经》、苏廙《十六汤品》等茶书的问世，以及茶诗的空前繁荣，便体现出这样一种划时代的意义。著茶书者 5 人，著茶书 6 部；作茶诗者 113 人，著茶诗 391 首；绘茶画者 4 人，绘茶画 5 幅，后世关于唐茶诗的绘画更多；其中关于茶具的文学、艺术作品占有相当比重，是唐代茶文化繁荣的体现，进而把茶文化发展到一个崭新的高度。

1. 茶画

唐佚名《萧翼赚兰亭图》，是中国第一幅茶画。相传为唐代大画家阎立本根据唐何延之《兰亭记》故事所作。

故事梗概如下：王羲之《兰亭序》是"天下第一行书"，唐初为王羲之第七代孙僧智永嫡系的再传弟子袁辩才秘藏。唐太宗谋之。房玄龄荐监察御史萧翼谋取。萧翼讨得王帖两三幅，便装至会稽永欣寺，与袁辩才相交为友，展示王帖。袁辩才说："帖乃真迹，却非精品。"萧翼叹曰："惜乎！《兰亭》虽有，今不得再见。"袁辩才使气，拿出真品示萧翼。萧翼借机盗走，送给寺院粮绢以补偿。

图的右面画袁辩才、萧翼正坐叙谈，只有一僧立侍。图的左面画他们

■ 唐 佚名 宋人摹本《萧翼赚兰亭图》局部 台北故宫博物院藏

■唐 佚名 宋人摹本《宫乐图》 台北故宫博物院藏

大唐宫廷茶具文化

■《调琴啜茗图卷》局部 美国纳尔逊－阿特金斯艺术博物馆藏

■《弈棋侍女图》
局部 新疆维吾尔自
治区博物馆藏

的侍者一老一幼煮茶，涉及茶具是茶炉、茶釜和茶碗。

《宫乐图》，是中国第一幅关系到宫廷的茶画。作者佚名。图中人物共 12 人，其中 6 人是贵妇，围着方桌而坐，捧茶碗饮茶，有 4 人是乐女，坐桌边奏乐坐陪，另有站立奏乐乐工和侍女各 1 人。

唐周昉《调琴啜茗图卷》，画中描绘五位女性，其中三位系贵族妇女。一女坐在磐石上，正在调琴，左立一侍女，手托木盘，另一女坐在圆凳上，背向外，注视着琴音，作欲饮之态。又一女坐在椅子上，袖手听琴，另一侍女捧茶碗立于右边。据《宣和图卷》，周昉还绘有《烹茶图》，图虽已佚，据估计也是反映侍女饮茶的图画。

唐佚名《弈棋侍女图》屏风画局部，该屏风画 1972 年出土于新疆吐鲁番地区，画面以弈棋为中心，描绘贵族妇女生活。图中对弈者身后的奉茶侍女，束发平髻，阔眉，额间描花钿，着蓝圆领印花长袍。她双手托茶盏，小心翼翼，为正在弈棋的主人进茶。

2. 茶书

陆羽《茶经》分上、中、下三卷，共十章，约七千余字。十章分别是一之源、二之具、三之造、四之器、五之煮、六之饮、七之事、八之出、九之略、十之图，记述茶的起源、形状、名称、功效以及茶与生态条件的关系，内容丰富，乃中国第一部"茶学百科全书"。陆羽曾入宫廷指导茶事，所以，《茶经》既是民间茶文化的总结，也是宫廷茶文化的指导书。陆羽还有《茶记》和《顾诸山记》，虽佚，但从《顾诸山记》书名看，当是论及顾诸紫笋的，因唐代皇家贡茶院设在顾诸山附近，是皇家首选贡茶，陆羽亦称它为"茶中第一"。

张又新《煎茶水记》，记述煎茶用水对茶叶色香味的影响，记载了刘伯刍的七等水，以扬子江南零水为第一，也记载了陆羽二十品水，以庐山康王谷水帘水为第一。从中可以看出大唐宫廷煮茶用水的讲究。

苏廙《十六汤品》，分别从煮水、冲泡、盛器、燃料四个方面，以十六项指标对唐代茶事活动进行了扼要的总结和评述。尤其是分别评述了金银茶具、石质茶具、瓷茶具、铜铁铅锡茶具和无釉陶土茶具五种不同质地茶具的优劣，不仅全面反映了唐代社会业已存在的各类茶具的现实状况，更从品质功能的角度对其中金银茶具、石质茶具和瓷质茶具给予了积极和中肯的评价，而对铜铁铅锡和无釉陶土等大路货色用做盛茶具的行为和做法，表达了强烈的不屑。《十六汤品》是同时代茶人品评唐代茶事的重要著作。

3. 茶诗

西晋左思《娇女诗》中有"心为茶荈剧，吹嘘对鼎𬬻"，鼎是煮茶的风炉，它是中国第一首茶诗，也是第一首提及茶具的诗。

唐代，茶诗逐渐增多。天宝年间的李白作《仙人掌》，是中国第一首歌咏名茶的诗。稍晚的杜甫作《又于韦处乞大邑瓷碗》："大邑烧瓷轻且坚，扣如哀玉锦城传，君家白碗胜霜雪，急送茅斋也可怜"。大邑瓷是四川瓷窑的产物，其产品白碗是茶具精品，所以该诗是中国第一首以茶具为主题的诗。

唐代宗大历五年（770年），朝廷开始在顾渚山（今浙江长兴县）建立贡茶院，每年春分至清明时节，派员上山督造"顾渚紫笋"贡茶，将其快马加鞭送达长安，以便皇室举办清明宴使用。茶到之时，宫廷一片欢腾，吴兴太守张文规的《湖州贡焙新茶》诗，写下了此情此景："凤辇寻春半醉回，仙娥进水御帘开，牡丹花笑金钿动，传奏吴兴紫笋来"。据此可知，唐代宫廷御用茶是"顾渚紫笋"，即长兴紫笋。

陆羽曾入宫廷，指导饮茶，目睹唐宫廷金银茶具，但金银茶具并不为之欣赏，他欣羡的是仙云野鹤式的自由生活，欣羡的是以自然山水煮野生茶，遂作《六羡歌》，"不羡黄金罍，不羡白玉杯，不羡朝入省，不羡暮入台，千羡万羡西江水，曾向竟陵城下来。"此诗可反证唐宫廷茶具的主体是金银器和瓷器，也是一首茶具诗。

唐宫廷把贡茶留作宫廷使用以外，也把部分赏赐给大臣。大臣们以得到赏赐为荣耀，又相互转赠。茶人卢仝就得到了孟谏议所赠阳羡茶，亦喜亦忧作《七碗茶》（原题为《走笔谢孟谏议寄新茶》）：

> "日高丈五睡正浓，军将打门惊周公。
>
> 口云谏议送书信，白绢斜封三道印。
>
> 开缄宛见谏议面，手阅月团三百片。
>
> 闻道新年入山里，蛰虫惊动春风起。
>
> 天子须尝阳羡茶，百草不敢先开花。
>
> 仁风暗结珠琲瓃，先春抽出黄金芽。
>
> 摘鲜焙芳旋封裹，至精至好且不奢。
>
> 至尊之余合王公，何事便到山人家。
>
> 柴门反关无俗客，纱帽笼头自煎吃。
>
> 碧云引风吹不断，白花浮光凝碗面。
>
> 一碗喉吻润，两碗破孤闷。
>
> 三碗搜枯肠，唯有文字五千卷。
>
> 四碗发轻汗，平生不平事，尽向毛孔散。
>
> 五碗肌骨清，六碗通仙灵。
>
> 七碗吃不得也，唯觉两腋习习清风生。
>
> 蓬莱山，在何处？玉川子乘此清风欲归去。
>
> 山上群仙司下土，地位清高隔风雨。
>
> 安得知百万亿苍生，命堕在巅崖受辛苦。
>
> 便为谏议问苍生，到头还得苏息否？

在所有的茶诗中，卢仝的《七碗茶》影响最大，因其写出了茶人的深切感受，另外，它也反映出唐代宫廷饮茶的大致流程，采茶、烘焙、封裹、煎煮、点茶、分茶。从而也反映出唐代的茶具如风炉、瓷碗等。

完全意义的茶具诗起于晚唐文学家皮日休。他以为"茶之事，由周至于今，竟无纤遗矣。昔晋杜育有荈赋，季疵有茶歌，余缺然于怀者，谓有其具而不形于诗，亦季疵之余恨也，遂为十咏，寄天随子。"所以就写了十首五言古诗咏十件茶具，寄给好友陆龟蒙。陆龟蒙也是著名文学家，接到皮日休诗之后，也以同一标题，作了十首五言诗以答。

第一首题名《茶坞》。皮诗为："闲寻尧氏山，遂入深深坞。种荈已成园，栽葭宁记亩。石洼泉似掬，岩罅云如缕。好是夏初时，白花满烟雨。"写他进入尧氏山，到了种茶的山坞，茶树已经成园种植，而栽种芦苇也多得难以计亩。在石洼中流淌的泉水浅可手掬，山岩的裂隙中飘荡着白云缕缕。到了清明时节，和风细雨中开满茶树的白花。陆诗为："茗地曲隈回，野行多缭绕。向阳就中密，背涧差还少。遥盘云髻慢，乱簇香篝小。何处好幽期，满岩春露晓。"写他也实地考察了茶坞，沿着曲折的山路，只见满山白云绕缭。茶树在阳坡相对密集，而在背涧上也仍不少。在漫长的盘曲路上行人稀落，但茶树却一丛一丛散发着茶香。那个地方真是幽谧，但到春露过后茶花就会满山开放。

第二首题名《茶人》。皮诗为："生于顾渚山，老在漫石坞。语气为茶荈，衣香是烟雾。庭从㯏子遮，果任獳师虏。日晚相笑归，腰间佩轻篓。"写采茶人生在顾渚山，长在茶山上，说话离不开种茶，衣服散发着焙茶的气氛，住处为树木遮散，勇敢的好象捕孺的猎手。傍晚欣喜而归，腰间挂着装满茶叶的竹篮。陆诗为："天赋识灵草，自然钟野姿。闲来北山下，似与东风期。雨后探芳去，云间幽路危。唯应报春鸟，得共斯人知。"写采茶的人，天赋认识茶树，大自然也钟爱这种神奇的树叶。闲来到北山，必有东风和煦，好像有约会一般。雨后去采茶，劳作在白云缭绕的山路上。只有报春鸟，才和采茶人有共同的感知。

第三首题名《茶笋》。皮诗为："褎然三五寸，生必依岩洞。寒恐结红铅，暖疑销紫汞。圆如玉轴光，脆似琼英冻。每为遇之疏，南山挂幽梦。"茶笋，即茶的幼苗。诗写它刚发芽三、五寸时，看起来十分秀丽，但都长在山岩之下。天冷了怕霜，天热了怕晒。光圆的像玉轴，脆弱的像幼苗，如果遇疏苗，被拔掉的只能梦想破灭。陆诗为："所孕和气深，时抽玉苔短。轻烟渐结华，嫩蕊初成管。寻来青霭曙，欲去红云暖。秀色自难逢，倾筐不曾满。"陆诗变换了茶笋的含义，已指茶树上刚发的嫩芽。它孕育的时间很长，自然赋予它中和的品质，等到发芽，开始只是短短的枝条，随着每天的炊烟渐渐长大，柔嫩的枝条长成像白茅草一样。它很难寻觅，采茶人朝起暮归，也难采满一筐。

　　第四首题名《茶籝》。茶籝，即装茶叶的篮子。皮诗为："筤篣晓携去，蓦个山桑坞。开时送紫茗，负处沾清露。歇把傍云泉，归将挂烟树。满此是生涯，黄金何足数。"其意是说，早晨携着茶籝，急匆匆走过山坞。打开茶籝取出一把把的茶叶，背负着它沾满着晶莹的露水。歇会儿就把它放在水泉旁边，回来时就把它挂在树上。摘满它就是美好的生活，黄金也无法与它并论。陆诗为："金刀劈翠筠，织似波纹斜。制作自野老，携持伴山娃。昨日斗烟粒，今朝贮绿华。争歌调笑曲，日暮方还家。"其意是说，用铁刀劈开青竹，用竹丝编织各种纹饰的篮子。野老们制作了茶籝，让山娃挎着它去采茶叶。昨天野老们才把它做好，今朝却已装满茶叶。采茶时唱着笑着，日暮时方才还家。

　　第五首题名《茶舍》。皮诗为："阳崖枕白屋，几口嬉嬉活。棚上汲红泉，焙前蒸紫蕨。乃翁研茗后，中妇拍茶歇。相向掩柴扉，清香满山月。"茶舍即茶农的居处兼制茶的地方，其意为向阳的山崖下盖起白色的草屋，生活着几口种茶人。在棚上的山岩取水，在茶焙上蒸熟茶叶。男人碾磨成末，妇女拍茶成饼。尽管柴门紧闭，清香却散发在山间。陆诗为："旋取山上材，架为山下屋。门因水势斜，壁任岩限曲。朝随鸟俱散，暮与云同宿。不惮采掇劳，只忧官未足。"其意思说：撷取山上的材料，建起山下的房屋。柴门随水势而斜开，墙壁随山崖而弯曲。茶农们早晨随着鸟飞去山里，晚上就在云间栖息。不怕采茶的劳苦，只忧官家索取不足。

第六首题名《茶灶》。茶灶是蒸茶的器具。皮诗为："南山茶事动，灶起岩根傍。水煮石发气，薪然杉脂香。青琼蒸后凝，绿髓炊来光。如何重辛苦，一一输膏粱。"其意为：南山中开始采茶，就在岩根旁垒起茶灶。把水烧开冒起蒸汽，柴火发出松脂的香气，茶叶蒸后凝卷成条，随着蒸汽浑发绿光。为何这般辛苦？都是为了供给达官贵人。陆诗为："无突抱轻岚，有烟映初旭。盈锅玉泉沸，满甑云芽熟。奇香袭春桂，嫩色凌秋菊。炀者若吾徒，年年看不足。"其意为：没有烟囱，却已有山间缥缈的雾气，映红了升起的太阳。满锅的水沸腾之时，甑上的茶叶也就蒸熟。蒸熟茶叶散发奇香超过了春桂，嫩绿的颜色赛过了秋菊。热爱者如果和我一样是茶人，年年都会看而不足。

第七首题名《茶焙》。茶焙是烘焙茶叶的设备。皮诗为："凿彼碧岩下，恰应深二尺。泥易带云根，烧难碍石脉。初能燥金饼，渐见干琼液。九里共杉林，相望在山侧。"其意为：凿茶焙于岩石下，深度二尺。这样茶焙，泥土连接着云彩，烧热不会妨碍石脉。起初可以烘干饼茶，逐渐就会烘干茶叶。茶焙一个接着一个，互相可以望见。陆诗为："左右捣凝膏，朝昏布烟缕。方圆随样拍，次第依层取。山谣纵高下，火候还文武。见说焙前人，时时炙花脯"。其意为：左邻右舍都在烘焙茶叶，从早到晚都冒着炊烟，是方是圆，要按照式样拍打，等级品第要依层次选取，遥远的山头高低起伏，焙中的火候需文需武。有趣的是那些焙茶匠人，烤取紫花权当香脯。

第八首题名《茶鼎》。茶鼎是煮茶的器具。皮诗云："龙舒有良匠，铸此佳样成。立作菌蠢势，煎为潺湲声。草堂暮云阴，松窗残雪明。此时勺复茗，野语知逾清。"其意为：古名龙舒（今安徽舒城）的这个地方，产生的能工巧匠，铸成了茶鼎这般的样子，竖立起来像个大蘑菇，煎水时发出潺潺的声音。草堂在傍晚时布满阴云，松窗之外透出一残明月。这时候用勺舀取茶汤，才能自叹这真是洁净高雅的生活。陆诗云："新泉气味良，古铁形状丑。那堪风雪夜，更值烟霞友。曾过赫石下，又住清溪口。且共荐皋卢，何劳倾斗酒。"其意为：新泉的水甘甜，古铁的形状不美。那里能忍受风雨之夜，幸赖有陪伴的好友。曾经路过赫石，也曾住在清溪。好友围鼎烹茶，就不劳举杯斗酒。

第九首题名《茶瓯》。瓯是瓷器，茶瓯是茶瓷碗。皮诗云："邢客与越人，皆能造兹器。圆似月魂堕，轻如云魄起。枣花势旋眼，蘋沫香沾齿。松下时一看，支公亦如此。"其意为：邢窑和越窑，都能制作优质茶碗。茶碗是圆形的，就像一轮明月；茶碗又轻又薄，就像一朵白云。浮在碗中茶沫旋转，品饮清香满口。借助松明子点火观看，茶托也如此美丽。陆诗为："昔人谢堰埏，徒为妍词饰。岂如珪璧姿，又有烟岚色。光参筠席上，韵雅金罍侧。直使于阗君，从来未尝识。"其意为：刘孝威作的《谢堰埏》，只会用妍词夸饰茶盏。茶盏有如圭如璧的美姿，又有如烟如岚的美色。颜色赛过了青竹做的坐席，声韵超过了黄金做的乐器。直叫盛产玉石的于阗国的君主，怎么都不认识。

第十首题名《煮茶》。皮诗为："香泉一合乳，煎作连珠沸。时看蟹目溅，乍见鱼鳞起。声疑松带雨，饽恐生烟翠。尚把沥中山，必无千日醉。"该诗叙述煎茶的过程，要取山中乳泉的水，煎开冒出连珠小泡。初看像蟹眼，再看像鱼鳞。听其声如松林下雨，看其华翠绿如烟。拿起点拂搅动，那真是令人心醉。陆诗为："闲来松间坐，看煮松上雪。时于浪花里，并下蓝英末。倾余精爽健，忽似氛埃灭。不合别观书，但宜窥玉札。"该诗抒发煎茶的感受，悠闲时坐在翠松之下，观看煮沸取自松上的雪水。水煮汤起了浪花，就投入茶末。品饮茶汤，只觉得精神爽健，心中的氛埃顿时俱灭。

煮茶就是一本好书，其中的趣味非读其他书可比。

　　皮日休的《茶中杂咏·茶具》和陆龟蒙的《奉和袭美茶具十咏》所说的"茶具"其意甚泛，是"饮茶必具"之意，包括了制茶之器，煮茶之器和饮茶之器，甚至连茶农也包括在内了。然而确实也提到了茶炉、茶碗、茶盏、茶托等狭义的茶具，所以应该看作中国历史上最大的茶具组诗。通过这首茶具组诗，我们可以更深入的了解唐代采茶、制茶、煮茶、饮茶的具体过程。

　　陆龟蒙另有《秘色越器》诗，其云："九秋风露越窑开，夺得千峰翠色来。好向中宵盛沆瀣，共嵇中散斗遗杯。"其意为：在秋高气爽薄雾初起时节，越窑的炉火升起，烧制出如千峰翠色的秘色瓷。最好是在月光朦胧的深夜，用秘色瓷盛酒。与嵇康斗酒几杯！秘色瓷既可作酒具，又可作茶具，瓷碗是酒具是茶具还难以分开。五代时徐寅《贡余秘色茶盏》云："捩翠融青瑞色新，陶成先得贡吾君。巧剜明月染春水，轻旋薄冰盛绿云。"其意是说：秘色茶盏捩翠融青，呈祥瑞之像。制后贡献给后唐君主。秘色茶盏光洁如月盛放绿色的茶汤，如同薄冰旋转托起一片绿云。茶盏是茶具，这才是一首毫无疑问的歌咏秘色茶具的诗。

　　歌咏瓷器的诗人，不仅只是杜甫、皮日休、陆龟蒙，皎然和尚咏黑瓷："素瓷雪色缥沫香，何似诸仙琼蕊浆。"刘言史咏湘瓷："湘瓷泛轻花，涤尽昏渴神。"白居易咏白瓷："白瓷瓯甚洁，红炉炭方炽。"都是茶具诗的杰作。

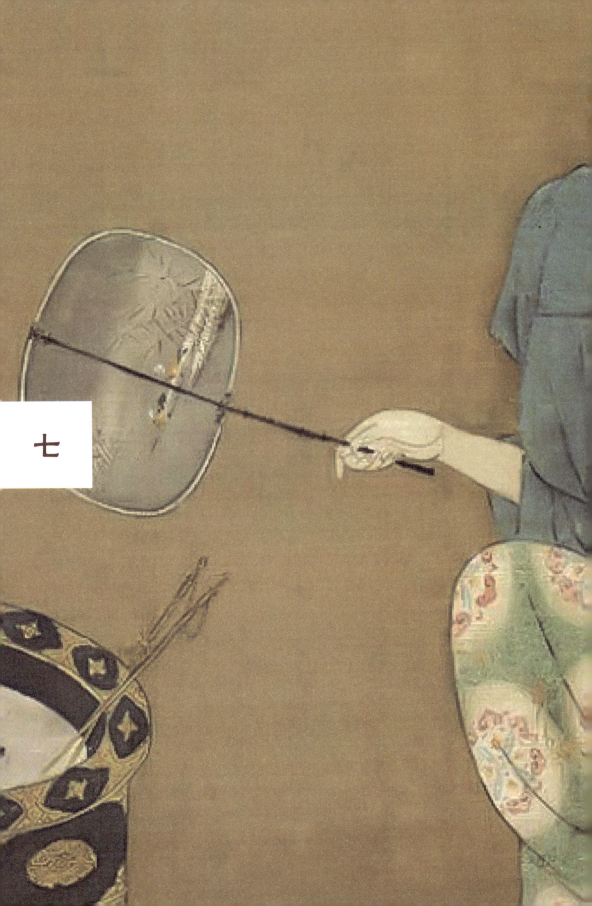
七

大唐宫廷茶饮
流程复原

白居易描述仕人举办的茶山境会，云："遥闻境会茶山夜，珠翠歌钟俱绕身。盘下中分两州界，灯前各作一家春。青娥递舞应争妙，紫笋齐尝各斗新，自叹花时北窗下，蒲黄酒对病眠人。"其盛况空前令人向往。大唐宫廷茶饮，其规格之高、场面之盛、茶器之美、茶艺之精都必远超仕人举办的地方茶山境会。唐代的茶书、茶画、茶诗，特别是法门寺出土大唐宫廷茶具都证实唐代宫廷茶饮的空前盛况。

1. 督造贡茶

初唐时，贡茶的地方和品种较多。唐代宗大历五年（770 年）开始在顾渚山(今浙江长兴县)建立贡茶院，每年春分至清明时节，官员上山督造贡茶。所谓"督造贡茶"，就是督促茶农采茶、蒸茶、捣茶、拍茶、晾茶、裹茶。

采茶的时间是在清明之前，一方面因为这时茶叶的质量最好，一方面是供给朝廷清明茶宴之用。茶农们肩挎"籝"，上山专采茶树刚发的嫩芽，整日劳苦也难采满一籝，因而极其珍贵，称之为"顾渚紫笋"。

采来的叶子放在箅（小篮子）中，置箅于甑（木制或瓦制的圆桶）中，甑置于锅上，锅内盛水，燃松木柴薪烧之，把茶叶蒸软，叫"蒸茶"，从而杀去鲜茶叶的部分水分。

蒸后的茶叶趁热放在杵臼（又叫碓）中捣碎，这叫"捣茶"。但不必捣得过细碎，因为过分细碎就成了泥糊状，不方便继续加工。

将捣碎的茶叶倒入铁制的规（又称"模""棬"，有方形、圆形、花形等多种），规置于垫有檐（又叫"衣"，油绢制）的承（又叫"台""砧"）上，用力拍压茶叶，使之成饼状，叫"拍茶"。将压好的茶饼穿孔，因为等干后穿孔就不容易了。

将压好的茶饼从规中取出，列在芘莉（又叫"嬴子""筹筤"，是竹编成的床）上晾干，叫"列茶晾茶"，然后用竹条串串。

关键工序是焙茶。在地灶上架设茶棚，"编木两层，高一尺"，上层叫上棚，下层叫下棚，整体就叫"茶焙"。在地灶内积松点燃，将半干的茶饼放在下棚烘烤，使全干后升至上棚继续烘烤。初烤时，火要猛，叫"武火"；烤较干的茶，火要缓，叫"文火"。

抽掉串茶的竹条，用剡纸将茶饼一一裹好，叫"裹茶"。贡茶的制作至此完成。

种茶、采茶、制茶的过程非常艰辛，但一出于经济利益，二畏官家督造的威权，茶农们不得不努力劳作，所以卢仝《七碗茶》中发出反问："安得知百万亿苍生，命堕在巅崖受辛苦。便为谏议问苍生，到头还得苏息否？"

2. 制作茶具

唐代宫廷茶具和民间茶具在种类上是相同的，但在器物质地上却大为不同。多使用金银以代替铜铁而铸茶器，同时征集黄釉、青釉秘色瓷碗和琉璃茶盏作饮茶器。

在法门寺出土的金银茶具中，除一部分是向地方索贡而来之外，大部分是皇家文思院制造的。

唐朝廷原在少府监中尚署下设金银作坊院，专为宫廷打造金银器。唐宣宗大中八年（854年），又专设文思院，专营宫廷金银器。

文思院以皇室为后盾，拥有丰厚的金银资源，也拥有雄厚的技术力量，但它却不是简单地改民间茶具的铜铁制品为金银制品，也不是仅仅制造比地方更多技术含量的制品，而是按照大唐的文化趣味设计制造的。

从总体设计上说，文思院制造的金银茶具分为三类：增加喜庆欢乐气氛的点缀品，如银芙蕖花，摆放银芙蕖花于茶宴，犹如当代宴会上摆放鲜花具有同样的功能；清新空气用的香具，如银龟盒、香宝子之类，内点燃熏香，犹如当代喷撒香水具有同样的功能；煮茶到饮茶等一套完整的茶具，这是茶宴的必备之物。

3. 清明茶宴

清明茶宴大概源自于长安清明三月三踏青扫墓的古俗，宫廷于此时设茶宴礼待群臣，以应节令，不失为创新举措。每年阳春三月初，江浙地区的皇家贡茶院须在清明之前将头批贡茶星夜赶送到长安，以供皇帝举行清明茶宴之用，称为"急程茶"。

2016年8月，法门寺博物馆重新策划了"唐宫清明茶宴"的大型茶艺表演，力图再现盛唐气象，再奏大唐之音。

茶宴的流程是仿照西周的燕礼举行的，茶宴仪规大体是由朝廷礼官主持：焚香奏乐、致礼寒暄、交换名刺、宣表开宴、煎水备器、吟清明颂、投骰选茶、献茶启封、行启茶礼、赏茶赏器、琴和煎茶、分茶赏茗、茶点果品、咏茶乐舞、赐封贡茶、谢送皇帝、互行别礼。

其中，煎茶赏茗环节的具体流程如下：

摆设香具和装饰品，如龟盒、芙蕖、调达子、香宝子之类。

炙茶 取出茶饼，置于银笼子中烘烤。烘烤时火力要集中，不能飘忽不定。用银箸不断翻转，使茶饼靠近火，以免"炎凉不均"。燃料使用木炭，木炭放在筥中，还要用炭樿把木炭砸成小块，燃烧时放于火盆中。待烤到茶饼出现"虾蟆背"泡状时，当为适度。随即趁热用纸囊包好，暂存在坛子中，这样可使"精华"之气不致散失。

炙茶过程所使用的茶具是筥、炭樿、箸、火盆、笼子、纸囊、坛子其七种。

碾茶　待烤好的茶饼冷却后，用手掰成了小块状，放在茶槽内，人坐在茶槽旁，滚动碾轴，使之反复滚动，将茶碾成碎末，并以碾成"细米"状为最佳。此过程犹如今天用药碾子碾中草药为碎末。

　　碾茶过程所使用的茶具是茶碾子和碾轴两种。

　　罗茶　用拂末将碾过的茶扫入纸囊，倾入茶罗子中，摇动罗筛，未通过筛面的茶块，重新再碾，直到通过筛面为止。仍用拂末将筛过的茶末扫入茶盒中，盖紧待用。

　　罗茶过程中使用的茶具有拂末、纸囊、茶罗子、茶盒四种。

　　煮茶　煮茶使用的茶炉（风炉），当是陆羽设计的茶炉，炉上置釜。茶炉和釜可能为金银制作，也可能为铜铁制造。

　　在釜中加入水。此水已经是经过加工的净水。先取陆羽所认定的优质水，运至宫廷，用漉水囊过滤，用绿油囊贮存，用时经过水方量定，倾入琉璃瓶中，再从琉璃瓶倾如釜中。

■《煎茶图》（《文会图》局部）　台北故宫博物院藏

风炉旁放着炭樋，用炭樋砸碎炭，用火夹（箸）夹取炭放入炉中，点燃，煮水。

当煮水至釜中出现"鱼目"般气泡，并微微发声时，即烧水至一沸时，按水的多少，用银勺在盐台中取出适量的盐，同时用勺取出些来试味。若在水的表面出现状似"黑云母"的水膜时，则应用勺除去悬浮物，这样能使茶味变得纯正。悬浮物倾入滓方中。

待烧到釜中水的边缘气泡"如涌泉连珠"，即烧水至二沸时，舀出一瓢水，贮放在熟盂里；再用竹夹在沸水中作环状搅动，同时用则取适量茶末，从漩涡中投入。

待水烧至水气泡如"腾波鼓浪"，即烧水至三沸时，应加进二沸时舀出的一瓢称之为"隽永"的水暂时止沸，以"育其华"。此时若继续煮水，则烧水过"老"，不适饮用。

整个煮茶过程中使用的茶具有风炉、釜、漉水囊、绿油囊、水方、净水瓶、筥、炭樋、火箸、银勺、盐台、水勺、滓方、涤方、熟盂、竹夹共十六种。

分茶　提前已经准备好筥，筥中放瓷碗，或茶盏。待茶育华后，取出碗、盏，以巾擦拭清洁，置于桌上，待用。

用勺将釜中之茶均于碗或盏中，就是分茶，一般每釜少则两碗，多则五碗，再多就不能喝了。

分茶过程所使用的茶具，有筥、碗（盏）、巾、勺四种。

饮茶　唐代宴会，也设席，但已不是西周时将草席铺于地上，已出现高度适度的方桌和凳子，一桌可围坐数人，这就是席。

皇帝和受请的宾客按次序入座，旁有乐伎奏乐。茶宴属燕礼，所奏乐为燕乐，分为燕乐伎、清商伎、高丽伎、龟兹伎、安国伎、疏勒伎，可奏高昌乐、乐社乐、景云乐、庆善乐、破阵乐等，舞有景云舞、庆善舞、破阵舞、承天舞等。

在乐舞声中，宫女捧盘，将茶端至主宾座前，主宾要将茶趁热喝下，因为热时"精华浮其上"；如冷，"则精英随气而竭，饮啜不消亦然矣"。

在一碗茶喝完之后，宫女们会来收碗，并捧来新茶。茶炉不断地煮茶，宫女们不断地分茶、换茶，主宾们也就不断地饮茶。

■《清明茶宴图》（《文会图》局部）台北故宫博物院藏

整个茶宴，花香袭人，气氛欢乐，英达聚集，美女穿梭，歌舞尽兴，文人雅士身处其中，也就遽然诗兴大发。长兴太守张文规《湖州焙贡新茶》诗，"凤辇寻春半醉回，仙娥进水御帘开，牡丹花笑金钿动，传奏吴兴紫笋来"，就写的是此情此景。

大唐宫廷茶具文化对后世的影响及价值

茶具文化，就是以茶具为载体而产生的文化现象，首先包括茶具的制作、茶具的类型、茶具的装饰、茶具的使用，其次包括有关茶具的书、画、诗、文。然而它的最高层次，乃是隐于上述两项中的人的价值取向。

　　大唐宫廷茶具文化是茶具文化极其灿烂的一页，首先包括了大唐宫廷茶具的制作，特别是金银器和瓷器的制作；大唐宫廷茶具的类型，包括烘焙器、碾罗器、贮茶器、贮盐器、烹煮器、饮茶器；大唐宫廷茶具的装饰，包括鎏金、錾刻、绘画等；大唐宫廷茶具的使用——宫廷茶饮等。其次包括《茶经》为代表的茶具书籍，以《萧翼赚兰亭图》为代表的茶画和以《茶具杂咏》为代表的茶诗。它的最高层次是隐于上述两项中的人们追求物质文明与精神文明的价值取向。

　　大唐宫廷茶具文化产生于 7 世纪和 8 世纪，至今已有一千余年，后世的茶具文化深受它的影响，对于当代也仍具有宝贵的价值。

1. 影响后世的宫廷茶饮

　　由唐代所发轫的宫廷茶饮在宋元明清时期继续发展。北宋朝廷在建安郡（今福建建瓯）设立贡茶院，建官焙，专门生产"龙团凤饼"。宋徽宗精于茶道，有专著《大观茶论》，称道"茶之为物，擅瓯闽之秀气，钟山川之灵禀，祛襟涤滞，致清导和，则非庸人孺子可得而知矣，中澹闲洁，韵高致静"。详论茶的地产、天时、采择、蒸压、制造、鉴辨、白茶、罗碾、盏、筅、瓶、杓、水、点、味、香、色、藏焙、品名、外焙。民间为了争取茶作贡品，竟然兴起斗茶之风。

辽、金、元都为北方游牧民族所建。游牧民族地处苦寒，食肉饮酒，对于茶有着特别的需要。辽、金多次侵宋，迫签和约，索取贡茶，贡茶之一部分用于宫廷茶饮。元代统一了全国，仿唐宋也征集贡茶。不过元人饮茶日常化，遂以冲茶法代替煮茶法，在宫廷也使用冲茶法，皇帝常常赐茶于大臣，以示恩宠。大臣中也流行着饮茶的风俗。窝阔台的大臣耶律楚材几天不饮茶，就感觉喉咙里好像塞了五车尘土般难受，所以赋诗："敢乞君侯分数饼，暂教清兴绕烟霞。"

明太祖朱元璋出身贫苦，深知茶农之疾苦，罢造团饼，许茶农只生产茶芽。于是茶农种茶，不再专为宫廷，转而瞄准于民间市场，生产散茶，冲泡法成为主流。但宫廷依然饮煎茶，他的儿子朱权酷茶，著有《茶谱》，是继《大观茶论》之后又一部茶学经典，仅罗列的茶具就有茶炉、茶灶、茶磨、茶碾、茶罗、茶架、茶匙、茶瓯等多种。

清朝康熙、乾隆皇帝都精于品饮。康熙亲赐"碧螺春"茶名。乾隆几乎尝尽天下名茶，一生六下江南，四度到西湖茶区，亲封十八棵茶树为御茶，还亲坐在龙井上饮龙井水所煎的龙井茶，高兴地赋诗"龙井新茶龙井泉，一家风味称烹煎"，甚至亲制佳联："国不可一日无君，君不可一日无茶。"

2. 影响后世茶具的制作

唐代的宫廷茶具，因茶汤是绿色的，讲究饮茶具与茶汤颜色的一致，故特别喜爱越窑的青瓷，也青睐邢窑的白瓷。宋代，发现建茶质量优于顾渚茶，遂以建茶为贡茶，建茶就是武夷山的岩茶。建州转运使丁渭、蔡襄先后以武夷茶制成龙凤团茶以贡宫廷。因龙凤团茶极为珍贵，品饮也就十分讲究，碾茶仍用金银茶槽子、碾轴，不能用铁，"黄金碾碎绿尘飞"。茶筛是用蚕丝织成的，碾细筛好后，将适量的茶粉，用小勺舀进兔毫盏，先调成糊状，再以沸水冲注。在冲注的同时，要用一种叫"筅"的小棒搅拌击打，使茶汤表面形成一层泡沫。然后观察泡沫的颜色，及存留的时间，以判断茶汤的质量优劣。一般的原则是，泡沫越白越好，滞留的时间越长越好。白瓷和青瓷都不便于观察，故黑瓷兴起，兔毫盏就是用兔毫瓷做成的，兔毫瓷是黑瓷的一种，以它作茶盏最易观察白色的泡沫。唐僧人皎然就已作诗："素瓷雪色缥沫香，何似诸仙琼蕊浆。"民间斗茶使用的也是武夷茶，判胜的标准也是泡沫和浪花，黑瓷也成为最佳选择。黑瓷茶盏，成了瓷器茶具中的最大品种。福建建窑、山西榆次窑、江西吉州窑，都大量生产黑瓷茶具，建窑生产的兔毫瓷盏最为人称道，给人一种美的意境，所以范仲淹有诗："斗茶味兮轻醍醐，斗茶香兮薄兰芷。"谦师为苏轼点茶，所用的也是黑瓷碗，所以苏轼有诗："道人晓出南屏山，来试点茶三昧手。忽惊午盏兔毫斑，打作春瓮鹅儿酒。天台乳花世不见，玉川风腋今安有。先生有意续茶经，会使老谦名不朽。"

　　除了黑瓷崛起之外，其他的茶具似仍然沿袭唐代。南宋时，审安老人给十二件主要茶具绘图，并取了富有文化意义的名称，编辑成书，题名《茶具图赞》。十二件茶具的取名，第一字说明器具的质料，后两字或三字表示器具的用途，取官职象征。如茶焙像炉，就叫韦鸿胪；捣茶的杵臼，木制，就叫木待制；碾槽以金银制成，就叫金法曹；石碾，就叫石转运。以下同理，收茶的勺叫胡员外，筛茶的罗叫罗枢密，扫茶的拂末叫宗从事，茶盏是黑瓷做的，就叫漆雕秘阁。茶碗叫陶宝文，茶壶叫汤提点，茶筅叫竺副帅，拭巾叫司职方。

　　元明时，散茶兴起，绿茶（青茶）、红茶、黑茶、白茶、黄茶都出现了，冲泡法成为民间主要的饮茶方法，烹煮法仅为宫廷和豪门使用。烹煮法所使用的茶具，从朱权《茶谱》可以看出，仍是茶炉、茶碾、茶罗、茶匙、茶筅，不是金银器就是高级瓷器。但民间茶具的变化却很大，因为直接冲泡绿茶、

韦鸿胪 文鼎 景旸 四窗闲叟
茶笼：饼茶的烘具养贮具。

木待制 利济 忘机 隔竹居人
杵臼：用于碎茶饼。

全法曹 研古 元锴 雅之旧民
轹古 仲铿 和琴先生
碾：用于碾茶成末

石转运 凿齿 遄行 香屋隐君
石磨：用于磨茶成粉。

胡员外 唯一 宗许 贮月仙翁
瓢：用于舀水或分茶汤。

罗枢密 若药 传师 思隐寮长
罗合：用于筛茶末和盛茶粉。

宗从事 子弗 不遗 扫云溪友
棕帚：用于扫拢茶末。

汤提点 发新 一鸣 温谷遗老
汤瓶：用于烧水冲茶。宋人称
沸水为"汤"

漆雕秘阁 承之 易持 古台老人
盏托：用于放盏，以免烫手。

陶宝文 去越 自厚 兔园上客
盏：用于盛茶汤。

竺副帅 善调 希点 雪涛公子
茶筅：用于搅出茶汤泡沫。

司职方 成式 如素 洁斋居士
茶巾：用于清洁茶具。

■ 审安老人《茶具图赞》所载 12 茶具图

红茶，显示翠绿色、菊黄色、殷红色，黑瓷退出茶具行列，白瓷和青花瓷被普遍使用，定窑、汝窑、官窑、哥窑、耀州窑各显特色，景德镇生产的青花瓷更是大展风采。另外，茶炉、茶碾、茶罗等基本上退出民间茶具行列，茶壶却异军突起。

茶壶，在唐代就已出现，江苏丹徒县丁卯桥窖藏出土一件银注壶。宋代苏东坡自制茶壶，有提梁，人称"东坡壶"。但唐宋时的茶壶是冲茶的器具，不是盛茶和饮茶的器具，所以《大观茶论》说壶"嘴之口差大而宛直，则注汤力紧而不散。嘴之末欲圆小而峻削，则用汤有节而不滴沥。"冲泡法兴起后，茶壶才成为泡茶的器具。茶壶被普遍用于泡茶，人们对之的制作也就愈推愈新，终于研制出紫砂壶。明清之际，供春、时大彬、徐友泉、陈鸣远、惠孟臣、陈鸿寿、杨彭年等大师屡出，以紫砂泥为原料，制出形象生动、活泼，收缩率低而吸水率高，既无爆裂之虑，又不夺茶的香气的紫砂壶。"人间珍宝何足贵，紫砂一壶最要得。"代表着茶具走向最高水平。

3. 促进后世茶画、茶书、茶诗的发展

由大唐宫廷茶具和宫廷茶饮而衍生出来的唐代茶画、茶书、茶诗，促进后世茶画、茶书、茶诗的发展。

后世茶画中的某些作品，如五代王齐翰的《陆羽煎茶图》，董逌的《陆羽点茶图》，元代钱选的《卢仝煮茶图》，明代丁云鹏的《玉川煮茶图》，是直接以唐代茶事为题材的，当然此类作品只是少数，而大多数作品是仿唐的，一仿人物，二仿烹茶、饮茶的场景，如宋刘松年的绢画《卢仝煮茶图》以及元代钱选的《卢仝煮茶图》，场景仍是煮茶。五代顾闳中《韩熙载夜宴图》虽是鸿篇巨作，仔细看来，仿作之处亦不少，人物换成韩载熙，夜宴却是仿《宫乐图》的。在这些画里，主要茶具如风炉、茶盏等都是重要组成部分。

后世茶画与唐代茶画之巨大不同，在于它们具有不同的时代气息。如北宋张择端《清明上河图》，把饮茶图融入了汴河两岸繁华的都市场景之中，元代赵孟𫖯的《斗茶图》，所画都是宋代盛行斗茶的场景。明代唐寅《事茗图》，文徵明《惠山茶会图》都加入了仕人喜欢的饮茶意识：翠竹、红梅、秋风、纨扇、美女等。

陆羽著《茶经》，被奉为茶的经典之作，由此引发了后世茶书不断出现。北宋蔡襄著《茶录》、宋子安著《东溪试茶录》、黄儒著《品茶要录》，以宋徽宗赵佶《大观茶论》为集结；南宋赵汝砺著《北苑别录》；明代朱权著《茶谱》、顾元庆著《茶谱》、屠隆著《茶说》、陈师著《茶考》，张谦德欲集成著《茶经》，不料许次纾著《茶疏》，比他总结的更全面。清代名茶兴起，著地方名茶的书籍，如程雨亭《整饬皖茶文牍》、程淯《龙井访茶记》等出现，陆廷灿更有《续茶经》作总结。这些茶书，大都以陆羽《茶经》中的结构为基本框架，增加后世出现的新鲜内容而成书。

■ 宋 刘松年的《撵茶图》 台北故宫博物院藏

■ 宋 刘松年《十八学士图》局部 台北故宫博物院藏

■ 宋 刘松年《博古图》局部 台北故宫博物院藏

■ 宋 刘松年《斗茶图》局部·台北故宫博物院藏

■元 钱选《卢仝煮茶图》局部 台北故宫博物院藏

■明 丁云鹏《玉川煮茶图》 故宫博物院藏

■ 明 佚名《煮茶图》 2014年香港佳士德拍品

　　在文学史上，唐以诗称冠。茶诗是唐诗的重要组成部分，大唐宫廷茶
具直接催生下的茶具诗又在茶诗中占有重要地位。唐代茶诗很少有无茶具
之内容者，一般茶诗都或多或少提到茶具。皮日休、陆龟蒙的唱和诗把茶
具诗推向了高峰，直接推动着后世的茶具诗文。明代四才子之一的文徵明
与之咏和，也作了同名的10首五言古诗，并以诗配画。南宋审安老人为茶
具取名后，后世便作有茶具十二图，每图加有赞语，如赞石转运："抱坚质，
怀直心，啖嚅英华，周行不怠。斡摘山之利，操漕权之重，循环自常，不
舍正而适他，虽没齿无怨言。"又如赞宗从事："孔门高弟，当洒扫应对

事之末者，亦所不弃。又况能萃其既散，拾其已遗，运寸毫而使边尘不飞，功亦善哉。"这些赞语，都是水平很高的茶具诗文。另外，清代陆廷灿把风炉风趣地称为苦节君，茶人们歌咏它守志不渝，坚苦卓绝的品质："肖形天地，匪冶匪陶。心存活火，声带湘涛。一滴甘露，涤我诗肠。清风两腋，洞然八荒"。对都篮、竹笼、泉水、木炭、水盂、竹篓、盛垢桶、佐料分别称为行省，建城、云屯、乌府、水曹、器局、品司，也都作有赞语，这些赞语，也都是水平很高的茶具诗文。

4.彰显后世茶文化特质

大唐宫廷茶具，制造精巧，装饰靓丽，质地高贵，意境高远，意蕴丰富，促使唐代的茶文化彰显出物质求佳、技艺求巧、意境求美的特点，这一特点对后世的影响最为深远。

饮茶需要的主要物质是茶叶、水和茶具。三者俱佳，始终是中国茶文化的追求。追求茶叶之美使后世产生了顾渚茶、蒙顶茶、建州茶，以至在当代出现西湖龙井、武夷岩芽、安溪铁观音、江苏碧螺春、六安瓜片、信阳毛尖、庐山云雾、云南普洱、黄山毛峰、太平猴魁十大名茶。追求水之美，从陆羽创始，后有张又新、苏轼、王安石、乾隆，终于认定北京玉泉、庐山谷帘水和招隐泉、上饶陆羽泉、济南趵突泉和珍珠泉、无锡惠山泉、镇江中泠泉、杭州虎跑泉、安宁碧玉泉等名水。追求茶具之美使后世产生了金银器、陶瓷器、琉璃与玻璃器以及紫砂壶等。

追求技艺之美使后世产生了煮茶法、点茶法、分茶法、斗茶法、冲泡法等茶艺品饮方式，也产生茶饼、茶团、茶砖、散茶等茶的形式，产生了蒸、晒、炒、发酵和半发酵等制茶方法。同时也产生了白瓷、青瓷、秘色瓷、外黑内白瓷、黑瓷、青花瓷等制作技艺。装饰艺术更是花样繁多，例如黄釉髹漆平脱、金银扣器等，不断推陈出新。

追求意境之美是唐代茶文化的突出特点。物质求佳、技艺求巧只是追求意境美的前奏，在前奏完成之后，它们也都成为意境美的组成部分。意境美还包括外在的环境美、内在的心境美和人际之间的和谐美。三者俱美，始终是中国茶文化的追求。可以说，大唐宫廷茶具开其头，吉祥物（龙、雁、鱼、莲）、文饰（蔓草纹、莲云纹、花瓣纹），以及金蛇吐珠、伯牙抚琴等人物画都在点缀环境美，催生了后世陶谷的"扫雪烹茶"、唐寅的"秋风纨扇"和郑板桥的"一方端州砚，几张宣州纸，一枝折花笔，一杯龙井茶"的意境追求，卢仝追求心境美，"六碗通仙灵，七碗吃不得也，唯觉两腋习习清风生，蓬莱山在何处？玉川子乘此清风欲归去"。皎然更把心境美具体化为三条："一饮涤昏寐，情来朗爽满天地。再饮清我神，忽如飞雨洒轻尘。三饮便得道，何须苦心破烦恼。"催生了后世范仲淹"斗茶香兮薄兰芷，其间品第胡能欺"，"不如仙山一啜好，冷然便欲乘风飞"，苏轼"仙山灵草湿行云，洗遍香肌粉未匀。明月来投玉川子，春风吹破武林春。要知玉雪心肠好，不是膏油首面新，戏作小诗君勿笑，从来佳茗似佳人"的心境追求。大唐宫廷茶具直接产生于宫廷茶宴之中，由宫廷茶宴派生出庭院茶会、绿野茶会，茶会要求人际和谐，目的也在于促进人际和谐。从唐代起，以茶会友便成了中国茶文化的传统。几位文人饮茶，总要借茶抒情，吟诗联句。唐代颜真卿、陆士修、张荐、李萼、皎然、崔万六友吟茶，便联句成诗："泛花邀坐客，代饮引清言（陆士修）。醒酒宜华席，留僧想独园（张荐）。不须攀月桂，何假树庭萱（李萼）。御史秋风劲，尚书北斗尊（崔万）。流华净肌骨，疏瀹涤心原（颜真卿）。不似春醪醉，何辞绿菽繁（皎然）。素瓷传静夜，芳气满闲轩（陆士修）。"因饮茶吟诗，增进了友谊，增加了亲和感。催生出后世以茶迎宾、以茶聚友，甚至以茶结友、以茶结亲的美俗良风。

九

大唐宫廷茶具与丝路建设

丝绸之路是中国古代通往西亚、欧非的经济文化交流之路。当代我国提出"一带一路"经济文化建设的倡议。大唐宫廷茶具及其所在的法门寺，是古代丝绸之路上的明珠，可以为当代"一带一路"倡议做出重大贡献。

1. 丝绸之路

中国对外交往由来已久。商周时代，中原王朝与西域已有联系。相传，周穆王西游，到达昆仑山，拜见了当地塞族女首领西王母，中亚的玉、马、牛、羊、酒和中原的交流之路已通。西汉时，天山南北兴起楼兰（又称鄯善）、且末、莎车、焉耆、疏勒等许多城邦小国，史称西域"三十六国"。匈奴强大起来，征服西域各国，与西汉王朝对峙。汉武帝在公元前138年遣张骞出使，欲联络大月氏以夹攻匈奴。张骞在途中被匈奴俘虏，十年后逃脱，到达大月氏，并访问了大宛、康居、大夏各国。公元前126年返回长安，向汉武帝作了汇报。公元前121年，汉武帝派霍去病打败匈奴，设河西四郡（武威、张掖、酒泉、敦煌）打开了通往西域的道路。公元前119年，张骞再次出使西域，访问了大宛、康居、大月氏、大夏、安息、身毒、于阗等国，各国使者随张骞入朝。从此西汉与西域诸国有了直接联系，史称"张骞凿空"。

公元前160年，西汉正式在西域设都护府，统一了西域各国。为了保护商路的畅通，西汉在各商路上修筑了许多城堡和连绵不断的烽燧列亭，驻扎军队，稽查行旅。各国与汉的朝贡是重要的商贸形式，贡品除各地土特产之外，还有明珠、文甲、通犀、翠羽、汗血马、巨象、狮子、大雀等殊方异物，汉朝对其馈赠丝绸、瓷器、金银等物，远远超过贡品的价值。

东汉时，班超经营西域 36 年，后其子班勇又任西域都护，使中西商路继续畅通。班超派甘英在 97 年出使大秦（东罗马帝国），到达条支国的海滨（今波斯湾），临海欲渡，为安息所阻而还。那时候，中西商路从长安出发，经甘肃过河西走廊，从西域出境，过中亚西亚通往欧洲罗马帝国。近代西方学者称它为"丝绸之路"。

三国两晋十六国和南北朝，中原分裂，对西域的控制减弱，"丝绸之路"时断时通。唐代打败东突厥和西突厥，设安西四镇（焉耆、龟兹、于阗、疏勒），丝绸之路重新繁荣。分为"碎叶路""安西路"和"南道"三条，过此三条道路向西通波斯（今伊朗）、大食（今阿拉伯）、拂菻（东罗马）和欧洲各国、向南通印度等国。在交通要道上，每隔 30 里设驿站或驿馆。驿站有马、驴，驿馆备有饮食供过往者使用。驿站服役者是被征调的轮番服役百姓。商人们将西方的名贵药材、香料、马匹和新疆的葡萄干、葡萄酒、氍布、毛纺织品等运往中原；把内地的金、铁、器皿和文具纸张以及茶叶，特别是深受人们欢迎的名贵丝绸，大宗地贩往西域和希腊、罗马、安息、吐火罗（阿富汗）。唐代诗人张籍的"无数铃声遥过碛，应驮白练到安西"的诗句，是这种状况的真实写照。

丝绸之路不仅是商贸大道，而且是文化艺术交流大道，各国的语言文字在此交流，突厥文、粟特文、汉文、叙利亚文、波斯文、梵文、希腊文互相采撷、吸收。西域的音乐舞蹈、绘画传入内地，内地的儒家经典雕版印刷、算历、绘画、音乐知识传入西域。佛教当时是内地和西域各国共有宗教，不少内地和西域高僧借道西域前往天竺（今印度）求法，促进了佛教的繁荣。

五代与宋辽金时期，西域出现西州回鹘、喀喇汗、于阗、西辽等政权。这些政权同中原王朝和中亚欧洲各国都保持着经济贸易关系和文化交流关系，西域的玉、珠、犀、琥珀、乳香、琉璃、氎布等销往东西各地，中原的丝棉织品、瓷器、茶叶销往西方。当时的商路是从长安过河西走廊至玉门关，由此分开，一路由天山北路至撒马尔汗，由此经巴里黑到哥疾宁，一路由天山南路到和田、喀什，由此而至撒马尔汗，然后去欧洲各国。

大蒙古国和元代，征服了西亚、东欧和俄罗斯，丝绸之路由于都处于大蒙古国的统治之下，更为畅通。另外东欧和俄罗斯被征服，中国内地通过蒙古草原、俄罗斯至东欧各国的商路开辟。这条路被称为草原丝绸之路。

唐宋时期，阿拉伯商人从海路来中国通商，在广州、福州等地居留，运来宝石、珊瑚、玛瑙、香料、药品及动植物，交换中国的丝、纸、大黄、茶叶、瓷器。明代，郑和七下西洋，开辟了海上丝绸之路。

2. 丝路建设

2013年9月7日，习近平主席在哈萨克斯坦发表重要讲话，首次提出了加强政策沟通、设施联通、贸易畅通、资金融通、民心相通，共同建设"丝绸之路经济带"的倡议；2013年10月3日，习近平主席在印度尼西亚国会发表重要演讲时明确提出，中国致力于加强同东盟国家的互联互通建设，愿同东盟国家发展好海洋合作伙伴关系。这两次重要讲话表明了，中国想与有关国家共建"丝绸之路经济带"和"21世纪海上丝绸之路"，简称"一带一路"。

"一带一路"不是一个实体和机制，而是合作发展的理念和倡议，是依靠中国与有关国家既有的双多边机制，借助既有的行之有效的区域合作平台，旨在借用古代"丝绸之路"的历史符号，高举和平发展的旗帜，主动地发展与沿线国家的经济合作伙伴关系，共同打造政治互信、经济融合、文化包容的利益共同体、命运共同体和责任共同体。

"一带一路"有多条路线，其中心线从连云港开始，经郑州、西安、兰州、乌鲁木齐，过中亚各国，通往欧洲，最远达马德里，涉及中国的江苏、安徽、河南、陕西、甘肃、新疆六省，中亚的哈萨克斯坦、吉尔吉斯斯坦、塔吉克斯坦、乌兹别克斯坦、土库曼斯坦五国，欧洲的俄罗斯、乌克兰、波兰、德国、法国、西班牙等国家。中心线另有南支线过阿富汗、巴基斯坦、伊朗、伊拉克、叙利亚、沙特、土耳其通往地中海沿岸国家。其北线通过蒙古、俄罗斯、白俄罗斯通往德国和北欧国家。其"海上丝绸之路"从泉州出发，过福州、广州、海口、北海，通往东南亚、印度与非洲、欧洲各国。

"一带一路"建设的主要内容是政治建设、经济建设和文化建设，政治建设的内容是坚持和谐包容，倡导文明宽容，尊重各国发展道路和模式的选择，加强不同文明之间的对话，求同存异，兼容并蓄，和平共处，共生共荣。经济建设的内容是坚持互利共赢，兼顾各方利益和关切，加强公路、铁路、油气管道、输电线路、桥梁、光电传输、港口等基础设施建设，推进各国的经济发展。文化建设的内容是通过合作研究、论坛展会、人员培训、交流访问等手段促进文化交流，使中国和有关国家民心相通。"一带一路"建设的总体目标是使中国和有关国家物畅其流、政通人和、互利互惠、共同发展，结成政治互信、经济合作、文化包容的利益共同体、责任共同体和命运共同体。

3. 法门寺与丝路建设

法门寺距西安约 120 公里，距宝鸡约 90 公里，南距西宝高速铁路和连霍高速公路约 20 公里。西宝高速铁路和连霍高速公路是欧亚大陆桥主干交通线的一段，即"丝绸之路经济带"主干交通线的一段，东过西安、洛阳、郑州、徐州通连云港，由此通过海上与各国相通。西过天水、兰州、乌鲁木齐、霍尔果斯通哈萨克斯坦，由此与中亚和欧洲各国相通。

法门寺是著名的文化遗产地，内涵十分丰富，法门寺附近还有古丝绸之路上的龙尾驿站旧址，可以为丝路建设做出应有的贡献。

法门寺地宫出土了四枚释迦牟尼佛指舍利。一枚为灵骨、为佛指真身舍利，是佛教世界至高无上的圣物；其余三枚为"影骨"，同样也是佛教界圣物。前佛教协会会长赵朴初曾写诗赞云："影骨非一亦非异，了如一月映三江"。

法门寺是佛教的圣地，也是佛教信众瞻仰和祈福的宝地。佛指舍利是世界佛教徒的圣物。1994年，为促进中泰人民友谊，应泰国国王、僧王之请求，经中央人民政府批准，佛指舍利首次离境，用专机护送到曼谷，泰国万人空巷，争拜舍利，极为轰动。2002年，应台湾佛光山星云法师等邀请，佛指舍利在台湾各地巡回供养，两岸人民同根同源，法乳一脉，血浓于水，在台期间，500万同胞瞻拜舍利，轰动宝岛。2005年，法门寺佛指舍利又赴韩国首尔、釜山进行供奉，盛况空前，影响极大。因此，通过法门寺佛指舍利的对外交流，通过佛教文化交流，可以在与东南亚国家及孟加拉、斯里兰卡、印度、日本、韩国等国民心相通中发挥重要作用，可以在与佛教各国文化交流中做出重要贡献。

■捧真身菩萨

■ 鎏金莲花座菩萨

■ 彩绘石雕持斧天王

■ 彩绘石雕持剑天王

■ 铜浮屠

法门寺地宫出土的 20 件琉璃器，晶莹剔透、造型精美、纹饰独特，有着明显异域色彩。2014 年 3 月 27 日，国家主席习近平在法国巴黎联合国教科文组织总部发表重要演讲时指出，"文明因交流而多彩，文明因互鉴而丰富。文明交流互鉴，是推动人类文明进步和世界和平发展的重要动力"。他在讲话中还特别提到，"1987 年，在中国陕西的法门寺，地宫中出土了 20 件美轮美奂的琉璃器，这是唐代传入中国的东罗马和伊斯兰的琉璃器。我在欣赏这些域外文物时，一直在思考一个问题，就是对待不同文明，不能只满足于欣赏它们产生的精美物件，更应该去领略其中包含的人文精神；不能只满足于领略它们对以往人们生活的艺术表现，更应该让其中蕴藏的精神鲜活起来"。法门寺出土的琉璃器，足以说明当时"丝绸之路"和"海上丝绸之路"所带来的经济、文化和科技交流是多么繁荣。

　　法门寺出土的盘口细颈贴塑淡黄色琉璃瓶，采用了粘丝和贴花的玻璃器热加工装饰工艺，推测为 6 ~ 7 世纪拜占庭晚期或伊斯兰早期地中海东岸所生产。四瓣花蓝色琉璃盘，又称米哈拉布纹蓝色琉璃盘，米哈拉布是译为"壁龛"，是伊斯兰教清真寺礼拜殿内最壮严、最神圣的地方，设于礼拜殿后墙正中处的小拱门，朝向伊斯兰教圣地麦加的克尔白，以表示穆斯林礼拜的正向。清真寺的阿訇（伊玛目）率寺内众穆斯林礼拜时便面向

■盘口细颈淡黄色琉璃瓶　　■四瓣花蓝色琉璃盘　　■八瓣花描金蓝色琉璃盘

米哈拉布。法门寺出土的四瓣花蓝色琉璃盘，主体纹饰为以双线刻划出的十字形框架，盘心为正方形方框。方框外刻四个拱门形状的尖瓣，与中心方框组成四个"米哈拉布"纹样。同样的刻花蓝色玻璃盘还有八瓣团花描金蓝琉璃盘、十字团花纹蓝琉璃盘、八瓣团花纹蓝色琉璃盘、枫叶纹蓝色琉璃盘等。盘的内底刻有不同的纹饰，以植物的枝、叶、花及几何图案为主题，但每件盘子的图案各异，这些图案，是伊斯兰早期最典型的绘画图案，可能是来自于伊朗高原的内沙布尔。罂粟纹黄色琉璃盘属伊斯兰釉彩玻璃，伊斯兰的釉彩玻璃在世界上富有盛誉，一般认为伊斯兰釉彩玻璃的使用年代是公元 12 ~ 15 世纪，而法门寺出土的罂粟纹黄色琉璃盘是早于 9 世纪的釉彩玻璃，非常罕见。

■ 枫叶纹蓝色琉璃盘

■ 罂粟纹黄色琉璃盘

■ 淡黄色琉璃茶碗茶托

在法门寺地宫出土的琉璃茶碗茶托，是典型的中国茶具器形，但经过对其成分检测，茶碗、茶托全部为钠钙硅酸盐玻璃，其中氧化镁与氧化钾含量都超过了 1.5%，属于植物灰型钠钙硅酸盐玻璃，与典型的波斯萨珊玻璃、伊斯兰玻璃的成分特点十分相似。在唐代，丝绸之路贸易十分繁荣，有许多中国商人到外国经商，也有许多外国商人到中国来经营。各方对对方的文化非常了解，如唐代长沙窑生产的外销瓷，为适应外销的需要，常做一些带彩堆贴的胡人舞乐图、狮形图，彩绘的椰林、葡萄以及一些鸟鹊等，显然具有西亚、波斯风格。同样，他们对中国销售的一些产品，也要符合中国人的文化和习俗，也要制作一些符合中国器形特点的产品。地宫出土的茶碗茶托，应是阿拉伯商人按照中国的要求而定制生产的。这批琉璃器不仅是中外琉璃发展史的珍贵资料，同时也是伊斯兰文化珍贵的物质遗存，是中国文化与伊斯兰文化文明交流互鉴的见证。

法门寺出土唐代丝绸服饰 700 多件，如紫红罗地蹙金绣半臂、紫红罗地蹙金绣裙、紫红罗地蹙金绣襕、紫红罗地蹙金绣裌裆、紫红罗地蹙金绣大团花拜垫、鹦鹉牡丹如意云纹织锦棺衬、斜菱格对凤织金锦、宝函系带、纯金四门塔绢袄、紫红罗地绣大宝相莲花夹袄、镜衣、紫红罗地蹙金绣织物，还有难以计数的丝绸残片，囊括了绫、罗、锦、绮、绢、纱、缣、帛、麻、毳、褐等纺织品类，制作时采用了蹙金绣、平绣、贴金绣、绣加绘等多种工艺技法。这批丝绸服饰展示了唐代丝绸制作的最高水平，揭示了丝绸之路所以得名及丝绸之路引起沿路各国重视的原因。

■ 紫红罗地蹙金绣垫

■ 紫红罗地蹙金绣半臂

■ 紫红罗地蹙金绣裌裆

■ 紫红罗地蹙金绣襕

■ 紫红罗地蹙金绣裙

法门寺地宫中，还出土碗、盘、碟、瓶等十四件秘色瓷，这些秘色瓷因被地宫出土的《物帐碑》记载而得到证实。他们造型含蓄典雅，质地细腻致密，釉色明亮润澈，类冰似玉，宛若天成，堪称绝品。是当时中国瓷器的最高水平。

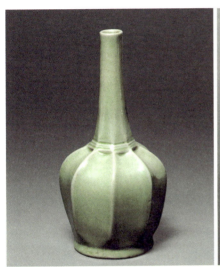

■ 八棱净水瓶

■ 五瓣葵口秘色瓷碟

■ 五瓣葵口秘色瓷盘

■ 五瓣葵口圈足秘色瓷碗

在法门寺琳琅满目的出土文物中，金银宝器数量最多且灿烂夺目。计有食具银羹碗子、银食箸、银波罗子、银碟、银方盒、银圆盒等；香具有鎏金卧龟莲花纹银熏炉及炉台、鸿雁纹壸门座五环银炉台、壸门高圈足银香炉、象首金刚铜熏炉、鎏金双峰团花纹银香囊、银香炉并碗盏、长柄银手炉、调达子、银香案、银香匙、银香宝子、银香盒、铜圆盒等；法器有银芙蕖、银阏伽碗、银如意、迎真身金钵盂、银钵盂、迎真身银金花十二环锡杖、六环铜锡杖、十二环纯金锡杖、大银盆等；唐僖宗金银茶具；造像中也有不少为金属制品，如鎏金银捧真身菩萨、鎏金莲花座银菩萨等。在这些金银宝器中，最具有科技水平的当属鎏金双峰团花纹银香囊，其内部的陀螺仪原理，欧洲在18世纪以后才发现。

■鎏金双峰团花纹银香囊

琳琅满目的国宝重器，不仅有精美靓丽的丝绸服饰，还有灿烂夺目的金银器，中国特有的茶器、瓷器以及完好如新的伊斯兰琉璃器，展示着古代丝绸之路的辉煌，也预示着当代"一路一带"建设的辉煌前途，是"一带一路"沿线各国共享的文化遗产，也是鼓舞沿线各国合作共建的精神力量。

■ 鎏金卧龟莲花纹银熏炉及炉台

■ 鎏金鸳鸯团花纹大银盆

■ 鎏金双凤纹银盒　　　　　　■ 鎏金双狮纹银盒

■ 鎏金银波罗子

■ 鎏金银阏伽碗

■ 鎏金银如意

■ 鎏金银香宝子

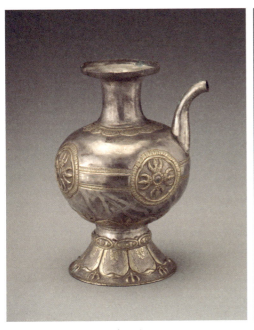

■ 阏伽瓶

■ 迎真身纯金钵盂

■ 迎真身银大锡杖

■ 八重宝函

4. 大唐宫廷茶具与丝路建设

大唐宫廷茶具是法门寺地宫出土文物的重要组成部分，与其他文物如佛指舍利、造像经卷、琉璃器、金银器、丝绸服饰对丝路建设具有相同价值，但作为特殊类型的文物，对于丝路建设，还有重要的特殊价值。

大唐宫廷茶具的制作技术十分高超，包括冶金技术、冶银技术、冶铜技术、制瓷技术等，金银茶具的成型方法有模冲成型、捶揲成型、编织成型、焊接成型等，其装饰方法有鎏金和錾刻等。这些对于当代金属冶炼与加工、瓷器制造具有借鉴价值。沿路各国可以从中汲取经验，制作符合时代需要的金银器、瓷器产品，对于丝路建设是一笔宝贵财富。

大唐宫廷茶具取材高贵，计有金、银、瓷等；色彩玄秘，计有金黄、银白、翠绿、墨黑等；纹饰多样，计有莲瓣纹、流云纹、波浪纹、涡纹、火焰纹、弦纹、菱形纹、蔓草纹、团花纹等；绘物吉祥，计有龙、鹤、鱼、雁、莲、凤凰、鸳鸯、鹦鹉、鹿、龟、鱼；绘画典雅，计有郭巨埋儿、玉祥卧冰、仙人对弈、颜回问路、仙人对弈、萧史吹箫、金蛇吐珠、伯牙抚琴；结构奇美，有左右对称均匀、上下阶段分明、仿生形象逼真等三大特点，对于当代艺术设计具有借鉴价值，沿路各国可以从中汲取经验，促进各国的艺术设计，从而形成相通的审美意识，对于丝路建设，大唐宫廷茶具及其所在的法门寺，乃是一座巨大的艺术宝库。

大唐宫廷茶具是物质遗产，通过它展示着中国古代茶文化的繁荣。中国是茶的原产地，是最早饮茶的国家，也是最早生产茶具的国家，由此而产生了难以计数的精美茶画、典雅茶著、趣味茶事和动人茶诗，构成宏大的茶文化体系，乃是一笔宝贵的精神财富。中国茶和茶文化于唐宋时传入日本和朝鲜，近代传入印度、肯尼亚及世界各国，成为世界各国的共享财富，中国茶道精神"精、行、俭、德"成为世界人民爱好和平的共同追求。当代中国是世界最大的产茶国，又是世界上重要的茶叶出口国，回顾大唐

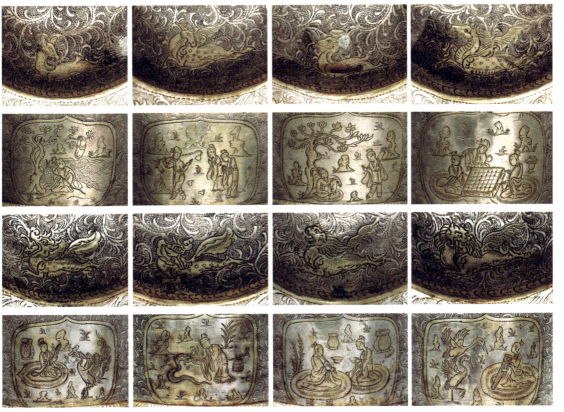

■茶器具纹饰

宫廷茶具和中国茶文化，可以促进中国的茶叶生产和茶文化的繁荣，各国品饮中国茶，饮茶思源，领悟中国茶道，对于形成和平共处、共建共荣的相通意识，具有莫大的作用。

大唐宫廷茶文化的繁荣折射着唐文化在世界上的地位。中国从秦汉已进入封建社会，至唐代趋于鼎盛。西欧及拜占庭帝国、印度在中国唐代才进入封建社会，朝鲜、日本是学习唐朝才进入封建社会。也就是说，在当时的世界上，中国的社会制度是最先进的。由此使社会经济包括农业、手工业、都市和商品经济的繁荣，高水平的文化，儒学、佛教、道教并恃而荣，天文学、算学、医学、工艺、音乐、绘画、舞蹈、诗歌发达而辉煌。长安是当时丝绸之路的起点，也是丝绸之路的中心，各国的使者、学者、商人云集长安，长安是开放性的国际大都市，是世界商贸中心，是世界文化交流中心。中国文化大唐宫廷茶具的精美灿烂，正是中国文化领先于世界的一个侧面反映。此后，大唐宫廷茶具尘封地下千年。当代重建丝绸之路，乃是中国文化再创辉煌的标志之一。中华民族和沿线各国可以从大唐文化中汲取精神力量，共同创造世界美好的明天。

结束语

　　茶叶，是中国奉献给世界最为珍贵的礼物，与丝绸和瓷器并称，成为中华文化走向世界的三大重要载体之一。法门寺唐塔地宫出土的大唐宫廷茶器具，是这一历史的辉煌见证。

　　唐代茶文化是整个中国乃至国际茶文化溯源归本之所在，是唐长安具有世界意义的重要文化遗产之一。随着唐帝国强大的国际影响和频繁的国际交往，富有艺术性、哲理性的中国茶文化也远播海外，以此为媒介，演绎着东方的文明情致。正如《茶之书》的作者冈仓天心所说："各种属于亚洲的礼仪典范，只有茶得到了普世的尊敬。"

　　希望唐代长安茶文化的传播，能把古代中国人民的礼仪、智慧奉献给世界人民，共同丰富发展着的各具风情的茶文化艺术。

参考文献

白寿彝，2004.中国通史.上海：上海人民出版社.

程启坤，姚国坤，张莉颖，2010.茶及茶文化二十一讲.上海：上海文化出版社.

法门寺博物馆，2008.法门寺博物馆论丛.西安：三秦出版社.

龚建华，2002.中国茶典.北京：中央民族大学出版社.

姜捷，2014.法门寺珍宝.西安：三秦出版社.

陆羽，陆廷灿，2014.茶经·续茶经.北京：新世纪出版社.

裘纪平，2003.茶经图说.杭州：浙江摄影出版社.

姚国坤，2012.图说世界茶文化.北京：中国文史出版社.

张岂之，1993.中国思想通史.西安：西北大学出版社.

赵天理，2006.中国茶具收藏与投资全书.天津：天津古籍出版社.